I0271609

MANUEL
pour votre

MANUAL
for your

MANUAL
para su

LIMOUSINE

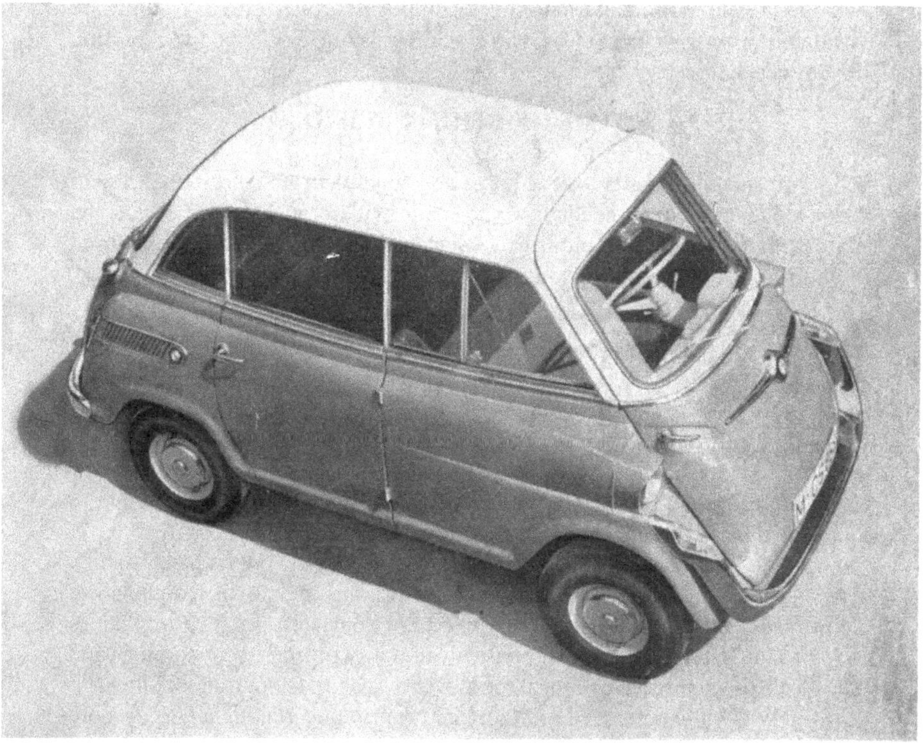

BMW 600

INTRODUCTION

Welcome to the world of digital publishing ~ the book you now hold in your hand, while unchanged from the original edition, was printed using the latest state of the art digital technology. The advent of print-on-demand has forever changed the publishing process, never has information been so accessible and it is our hope that this book serves your informational needs for years to come. If this is your first exposure to digital publishing, we hope that you are pleased with the results. Many more titles of interest to the classic automobile and motorcycle enthusiast, collector and restorer are available via our website at **www.VelocePress.com**. We hope that you find this title as interesting as we do.

NOTE FROM THE PUBLISHER

The information presented is true and complete to the best of our knowledge. All recommendations are made without any guarantees on the part of the author or the publisher, who also disclaim all liability incurred with the use of this information.

TRADEMARKS

We recognize that some words, model names and designations, for example, mentioned herein are the property of the trademark holder. We use them for identification purposes only. This is not an official publication.

INFORMATION ON THE USE OF THIS PUBLICATION

This manual is an invaluable resource for the classic **BMW** enthusiast and a "must have" for owners interested in performing their own maintenance. However, in today's information age we are constantly subject to changes in common practice, new technology, availability of improved materials and increased awareness of chemical toxicity. As such, it is advised that the user consult with an experienced professional prior to undertaking any procedure described herein. While every care has been taken to ensure correctness of information, it is obviously not possible to guarantee complete freedom from errors or omissions or to accept liability arising from such errors or omissions. Therefore, any individual that uses the information contained within, or elects to perform or participate in do-it-yourself repairs or modifications acknowledges that there is a risk factor involved and that the publisher or its associates cannot be held responsible for personal injury or property damage resulting from the use of the information or the outcome of such procedures.

One final word of advice, this publication is intended to be used as a reference guide, and when in doubt the reader should consult with a qualified technician.

Contents

	Page
Foreword	4
Technical Data	5
What is Where? (Instruments and Controls)	13
Serial Number and Registration Details	14
Fill-up Data for Service Stations	14
Operating Instructions	22
General Hints	34
Technical Maintenance	40
Care of Bodywork	56
Maintenance Guide	60
Lubrication Chart	Appendix
Wiring Diagram	,,

Table des matières

	Page
Avant-propos	4
Données techniques	7
Quoi et où?	13
Indications pour police et douane	14
Pour l'atelier et la station-service	14
Utilisation et conduite	22
Considérations générales	36
Entretien mécanique	40
Entretien de la carrosserie	56
Plan des services d'entretien	61
Plan de graissage	Annexe
Schéma des connections de l'équipement électrique	,,

INDICE

	Página
Prólogo	4
Datos técnicos	10
?Donde esta cada cosa?	13
Datos tipo para la policia y aduana	15
Para talleres y estaciones de servicio	15
Manejo y funcionamiento	23
Indicaciones generales	38
Cuidados técnicos	41
Conservación de la carrocería	57
Servicios de mantenimiento	62
Guía de engrase	Apéndice
Diagrama eléctrico	,,

Foreword

We like to take this opportunity to thank you for choosing the BMW 600 – and to assure you of our continuing interest in your motoring pleasure and satisfaction.

Bayerische Motoren Werke have designed the BMW 600 to satisfy all those who appreciate a car which combines reliability with performance, comfort and stylish appearance – a car we are sure you'll be truly proud to own.

We recommend that you in turn shall make yourself fully acquainted with the information contained in this book and to pay particular attention to those few pages dealing with the maintenance and service of the car. Attention to these suggestions offered will go so far to ensure top performance and trouble-free operation.

The BMW service is always ready to assist you through a wide net of BMW Service Stations staffed with well trained personnel, and you will readily recognize such stations by the well known white and blue BMW sign. These repair shops are in closest contact with the BMW factory through our field engineers. Entrust the car to these stations for servicing, – expert attention is as essential in maintenance as in production.

We wish you many thousands of miles of carefree motoring.

Avant-propos.

Tout en vous remerciant de la confiance à notre égard dont témoigne votre récent achat d'une BMW 600, nous vous souhaitons de retirer de toutes vos randonnées futures le plus grand plaisir.

Nous nous sommes efforcés de produire un véhicule répondant à vos désirs par sa sécurité, sa puissance, sa ligne et son équipement soigné; il sera certainement à même de vous procurer un très grand nombre d'heures agréables. Cependant, il va maintenant dépendre de vous d'assurer, par un emploi convenable et les soins nécessaires, le maintien en parfait état de votre BMW 600. Veuillez donc lire attentivement ce petit manuel: il contient maintes indications qui vous seront certainement utiles.

Et surtout, ayez soin de faire effectuer régulièrement les services de graissage et d'entretien. Le service à la clientèle de BMW est à votre disposition en tout temps sous forme d'une organisation d'agences, sans cesse étendue et dont la répartition s'effectue selon un plan judicieusement établi. Chaque atelier arborant le panonceau bleu et blanc bien connu de BMW est en rapports constants avec nos services techniques et dispose d'un personnel qualifié; il vous donne l'assurance d'une parfaite exécution de vos ordres.

Prólogo!

Le damos las gracias por la confianza que nos ha brindado al adquirir un BMW 600 y así mismo le deseamos éste le proporcione mucho placer en todos sus viajes.

La casa Bayerische Motoren Werke AG. ha puesto singular empeño en crear un vehículo que responda a las exigencias de seguridad, potencia, estética y confort para que con ellas Ud. goce de muchas horas de grato esparcimiento.

Ahora nadamás depende de Ud. mantener en buenas condiciones su BMW 600. Para ello lea cuidadosamente este pequeño libro de instrucciones, el cual le hará ver algunos detalles de utilidad en los que Ud. seguramente no había reparado antes.

Le recomendamos efectuar con regularidad los servicios de engrase y mantenimiento. A este respecto el servicio clientela BMW se halla por completo a la disposición de nuestros clientes y constituye una organización de agencias con vastas ramificaciones, las cuales están dotadas de mecánicos especializados de primer órden. Todos los talleres que se mantienen en contacto directo con nuestro servicio foráneo, son reconocidos rápidamente por los famosos colores blanco y azul que ostentan sus rótulos BMW. Allí encontrará plena garantía en la ejecución de su órden de trabajo.

Deseamos por lo tanto tenga un feliz viaje con su BMW 600.

BAYERISCHE MOTOREN WERKE AKTIENGESELLSCHAFT MÜNCHEN

Technical Data

Engine:
Type	BMW two cylinder, four cycle aircooled opposed type unit
Bore	74 mm
Stroke	68 mm
Cubic capacity	582 c. c.
Compression ratio	6.8 : 1
Engine output (acc. to SAE)	23 HP at 4500 rpm
Valves	Overhead in cylinderheads, in V-arrangement
Valve timing	(measured with a clearance of 2 mm, for running clearances see page 44)
	Intake opens 4° after TDC
	Intake closes 36° after BDC
	Exhaust closes 4° before TDC
	Exhaust opens 36° before BDC
Lubrication	Full pressure with gear type pump
Clutch	Single dry plate
Location of engine	In the rear of vehicle
Starter	12 Volt dynamo starter LA-BM 12/130 R
Generator	12 Volt, 130/190 Watt, voltage regulation
Spark plugs	Bosch W 225 T 2 (long thread)
Battery	12 Volt, 24 amp/hours
Ignition coils (6 Volt)	2 units T J 6/4, shunt connection
Cooling	Aircooling with centrifugal blower

Carburetor:
Type	Zenith 28 KLP 1 horizontal draft
Venturi	23 mm diam.
Main jet	125 mm diam.
Air correction jet	240 mm diam.
Pilot jet	50 mm diam.
Pilot jet airbleed	150 mm diam.
Emulsion tube	No. 1

Transmission: BMW design 4 speeds forward, one reverse, all forward speeds fully synchronized

Gear ratios
First	3.54 : 1	Second	1.94 : 1
Third	1.27 : 1	Fourth	.846 : 1
Reverse	3.45 : 1		

Final drive: Spiral bevel pinion and ring gear, ratio 5.43 : 1 (7 and 38 teeth)

Frame: Tubular chassis frame, made of longitudinal and cross members

Axles and suspension:

Front wheels — Independent front wheel suspension, swinging arms, coil springs and telescopic shock absorbers. Camber 1° 30', King pin inclination 5°, Reverse caster 16°, Toe-in 2–3 mm measured on rim border.

Rear wheels — Trailing arms, coil springs and telescopic shock absorbers

Wheels: Steel disc wheels 3.5 x 10"

Tires:	Five tires, size 5.20 – 10″
Steering:	Spindle type steering, steering ratio 16 : 1 Turning circle approx. 8 meters (26 ft.)
Brakes:	
Foot brake	Internal shoe brake with hydraulic operation on all four wheels Brake drum diam. 180 mm (7.09″) Total friction lining area 432 sq.cm. (67 sq.in.)
Hand brake (parking brake)	Operates the brakes on the rear wheels, mechanically.
Dimensions:	Track (Tread): Front 1220 mm (48″) 　　　　　　　 Rear 1160 mm (45.6″) Overall length　2900 mm (114″) Overall width　 1400 mm (55″) Overall height　1375 mm (54″) unloaded Wheelbase　　 1700 mm (67″)
Weights:	Kerb weight approx. 560 kg (1236 lbs.) Maximum load　　　　 340 kg (750 lbs.)
Performance:	Cruising and maximum speed on level 100 km/h (62 mph) Gradeability in first gear 33 % Average fuel consumption (acc. to DIN 70030) 43 miles/U.S. gal. = 52 miles/Imp. gal. approx. Oil consumption 2300 miles/U.S. gallon = 2800 miles/ Imp.gallon approx.
Capacity:	
Fuel tank	23 liters (6 U.S. gal. = 5 Imp. gal.) including 3 liters reserve
Engine oil sump	2 liters (4.2 U.S. pints = 3.5 Imp. pints)
Transmission case	1.25 liters (2.6 U.S. pints = 2.2 Imp. pints)
Tire pressures:	
1 – 2 occupants	Front 1.1 atm (15 lbs), rear 1.6 atm (22 lbs)
3 – 4 occupants	Front 1.2 atm (17 lbs), rear 1.8 atm (25 lbs)
Fuel and lubricants:	
Fuel	Automotive petrol (gasoline)
Lubricants	See "Lubrication Chart"

Driving speeds:

Mileage registered		Permissible cruising speeds (mph) in the individual gears			
		First	Second	Third	Fourth
Running-in speeds	0 – 1800 miles	12.5	22	31	43
After the breaking-in period	Over 1800 miles	15.6	28	44	62.5

Fuel consumption curves:

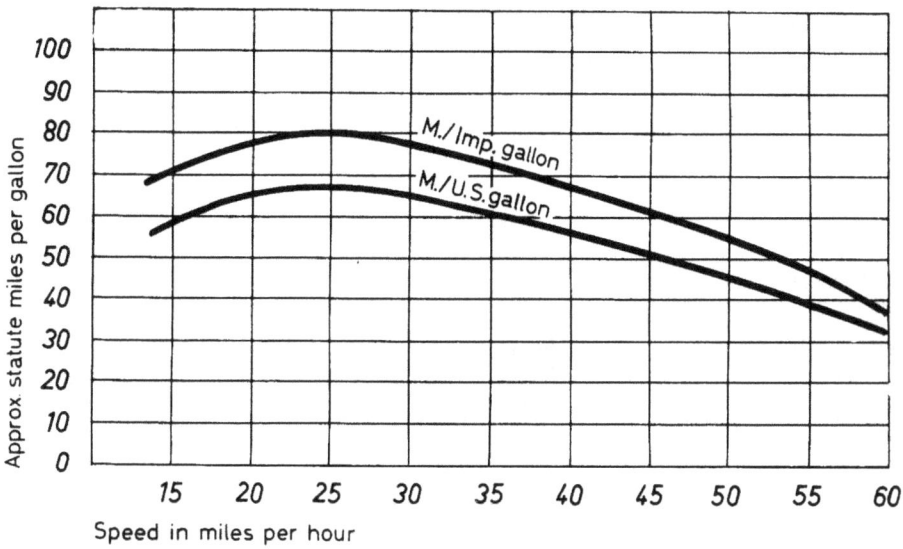

Données techniques

Moteur: BMW, 2 cylindres 4 temps, «boxer», refroidissement par soufflerie

Alésage	74 mm
Course	68 mm
Cylindrée	582 cm^3
Rapport de compression	6,8 : 1
Puissance	19,5 CV à 4500 t/min. Selon normes SAE 23 CV.
Soupapes	en tête, disposées en V
Calage de distribution	avec 2 mm de jeu aux culbuteurs (jeu de réglage): Admission ouvre 4° après PMH, ferme 36° après PMB. Echappement ferme 4° avant PMH, ouvre 36° avant PMB.
Graissage	par circuit d'huile sous pression
Embrayage	monodisque, à sec
Emplacement du moteur	en poupe
Démarreur	dynamo-démarreur 12 V LA – BM 12/130 R
Equipt. électr.	dynamo 130/190 W. à réglage de tension
Bougies	Bosch W 225 T 2 (à long filetage)
Batterie	12 V 24 Ah
Bobines d'allumage (6 V)	2 bobines T J 6/4 couplées en série
Refroidissement	par air forcé (soufflerie centrifuge).

Carburateur:

Type	à courant horizontal Zenith 28 KLP1
Passage d'air	23 ⌀

Gicleur principal	125 ∅
Gicleur d'air de correction	240 ∅
Gicleur de ralenti	50 ∅
Gicleur d'air de ralenti	150 ∅
Tube diffuseur	No. 1

Boîte de vitesses: BMW 4 vitesses et marche arrière, les 4 vitesses avants synchronisées.

Rapports
1e. vitesse 1 : 3,54   2e. vitesse 1 : 1,94
3e. vitesse 1 : 1,27   4e. vitesse 1 : 0,846
Marche arrière 1 : 3,45

Entraînement arrière pignons coniques à denture spirale 1 : 5,43 = 38/7 dents

Châssis: fermé, à deux longerons de section rectangulaire, tubulaires, fortement entretoisés.

Essieux et suspension:

Avant — roues indépendantes, sur bras oscillants, suspension par ressorts en spirale avec amortisseurs télescopiques. Carrossage 1° 30', inclinaison des pivots 5°, chasse 16°. Pinçage vers l'avant: 2 à 3 mm mesurés au bord de la jante.

Arrière — Suspension à bras oscillants longitudinaux avec ressorts en spirale et amortisseurs télescopiques.

Roues: pleines, acier 3,5 x 10"

Pneus: 5 pneus de 5,20 − 10"

Direction: à vis, démultiplication 1 : 16
diamètre minimum de braquage environ 8 m.

Freins:

A pied — à commande hydraulique, agissant sur les 4 roues par tambours à mâchoires intérieures.
∅ des tambours 180 mm
Surface totale de freinage 432 cm^2

A main — agissant mécaniquement sur les 2 roues arrières.

Dimensions:
Voie avant   1 220 mm
   arrière   1 160 mm
Longueur hors tout 2 900 mm
Largeur hors tout 1 400 mm
Hauteur hors tout 1 375 mm (à vide)
Empattement   1 700 mm.

Poids: A vide, en ordre de marche, environ 560 Kg. Charge utile 340 Kg

Performances
Vitesse soutenue et maximum 100 Km/h
Pouvoir en côte en 1e. vitesse 33 %
Consommation essence selon normes DIN 70030
5,5 L./100 Km. Consommation huile 1 L./1000 Km.

Contenances:

Réservoir d'essence   23 L., inclus 3 L. de réserve
Huile moteur   2,0 L
Huile, boîte de vitesses   1,25 L

Pression des pneus: Avant 1,2 atm., arrière 1,8 atm. Si le véhicule est généralement chargé de 2 personnes seulement: avant 1,1 atm, arrière 1,6 atm.

Carburant et lubrifiants:

Carburant   Benzine normale
Lubrifiants   voir plan de graissage

Vitesses admissibles:

Km. au compteur		Vitesses max. pouvant être soutenues en Km/h., en			
		1e. vit.	2e. vit.	3e. vit.	4e. vit.
Période de rodage	0 – 3000 Km	20	35	50	70
Après le rodage	Plus de 3000 Km.	25	45	70	100

Courbe de consommation d'essence:

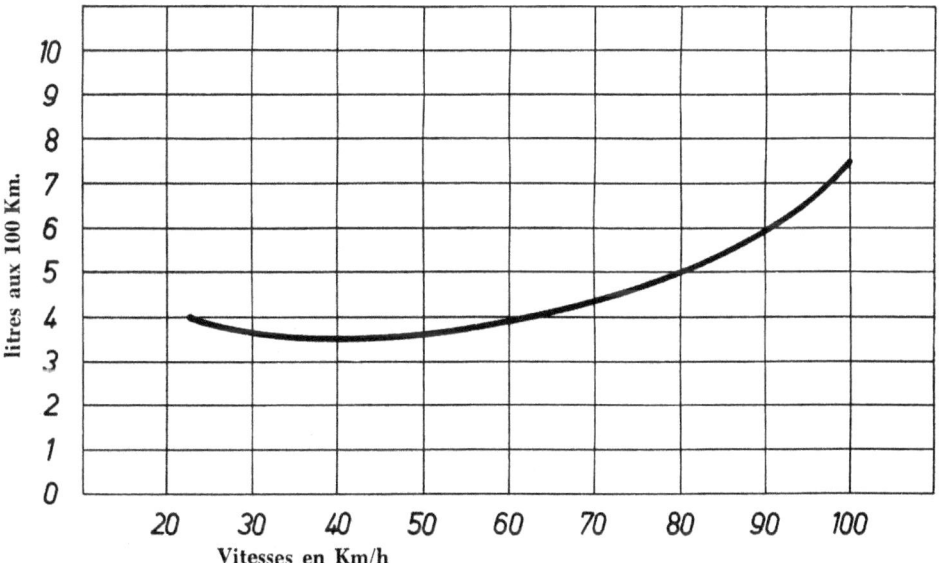

Datos Técnicos

Motor: BMW, dos cilindros opuestos, cuatro tiempos, refrigerado por turboventilador

Diámetro del cilindro	74 mm
Carrera del pistón	68 mm
Cilindrada	582 cm³
Relación de compresión	6,8 : 1
Máxima potencia	19,5 CV a 4,500 r.p.m. Según SAE 23 CV.
Válvulas	en la cabeza, inclinadas en forma de V
Tiempos de distribución	Ajuste del árbol de levas medido con una holgura de válvulas de 2 mm. Admisión abre 4° d.p.m.s. Admisión cierra 36° d.p.m.i. Escape cierra 4° a.p.m.s. Escape abre 36° a.p.m.i.
Sistema de lubricación	por circulación de aceite a presión y salpiqueo
Embrague	de tipo monodisco seco
Posición del motor	en la parte trasera del vehículo
Motor de arranque	dinamoarrancador de 12 V, LA – BM 12/130 R
Sistema eléctrico	generador de 130/190 vatios de potencia, con regulación de tensión
Bujías	Bosch W 225 T 2 (cuerda larga)
Batería	12 V, 24 Amp. hora
Bobinas (6 V)	dos T J 6/4 conectadas en serie
Enfriamiento	enfriado mediante un turboventilador

Carburador:

Tipo	de pendiente con compuerta Zenith 28 KLP
Conducto de admisión	23 ⌀ mm
Surtidor principal	125 ⌀
Surtidor para ajustar el aire	240 ⌀
Surtidor de vacío gas	50 ⌀
Surtidor de vacío aire	150 ⌀
Tubo de mezcla	No. 1

Caja de cambio: BMW de cuatro velocidades y marcha atrás, todas las velocidades de marcha hacia adelante totalm. sincronizadas.

Relación de multiplicación en las distintas velocidades

1ª vel. 1 : 3,54   2ª vel. 1 : 1,94
3ª vel. 1 : 1,27   4ª vel. 1 : 0,846
marcha atrás 1 : 3,45

Transmisión a los ejes traseros: por medio de sistema de engranes cónicos helicoidales 1 : 5,43 = 38/7 dientes

Chasis: de sección rectangular con sólidos travesaños.

Ejes y suspensión:

Ruedas delanteras: suspensión independiente sobre brazos oscilantes, con resortes helicoidales y amortiguadores hidráulicos. Caída de la rueda 1° 30', ángulo del pivote para mangueta 5°, avance 16°, convergencia de 2 – 3 mm medida en la ceja de la llanta (rim).

Ruedas traseras: Suspensión de brazos oscilantes triangulares con resortes helicoidales y amortiguadores hidráulicos.

Ruedas:	de disco de acero 3,5 x 10"
Neumáticos:	5, medida 5,20 − 10"
Dirección:	con engrane en espiral demultiplicación del volante 1 : 16 Radio de giro menor aprox. 8 m.
Frenos:	
Freno de pié	con sistema hidráulico a las cuatro ruedas y zapatas internas tambor de freno 180 mm ⌀ superficie total de los frenos 432 cm²
Freno de mano	mecánico aplicado a las ruedas traseras
Dimensiones generales:	vía delantera: 1,220 mm vía trasera: 1,160 mm long. total: 2,900 mm ancho total: 1,400 mm altura total: 1,375 mm (sin carga) dist. entre ejes: 1,700 mm
Pesos:	vacío y en condiciones de marcha 560 kg carga útil 340 kg
Rendimientos:	velocidad máxima y constante 100 km/h poder ascensional en primera 33 % consumo normal 5,5 ltr./100 km según DIN 70030 consumo de aceite 1 ltr/1,000 km
Cabidas:	
Depósito de gasolina	23 ltr. incluyendo 3 ltr. de reserva
aceite en el motor	2,0 ltr.
aceite en la caja de cambio	1,25 ltr.
Presión de los neumáticos	adelante 1.2 atm., atrás 1.8 atm., cuando se maneje de preferencia con dos personas: adelante 1.1 atm. y atrás 1.6 atm.
Combustibles y lubricantes:	
Combustible	gasolina normal
Lubricantes	véase guía de engrase

Velocidades admisibles:

Kilómetros recorridos		Velocidades constantes máximas admisibles en km/h			
		1a	2a	3a	4a
Durante el período de suavización	De 0 a 3000 km	20	35	50	70
Después del período de suavización	Más de 3000 km	25	45	70	100

Curva de consumo de gasolina:

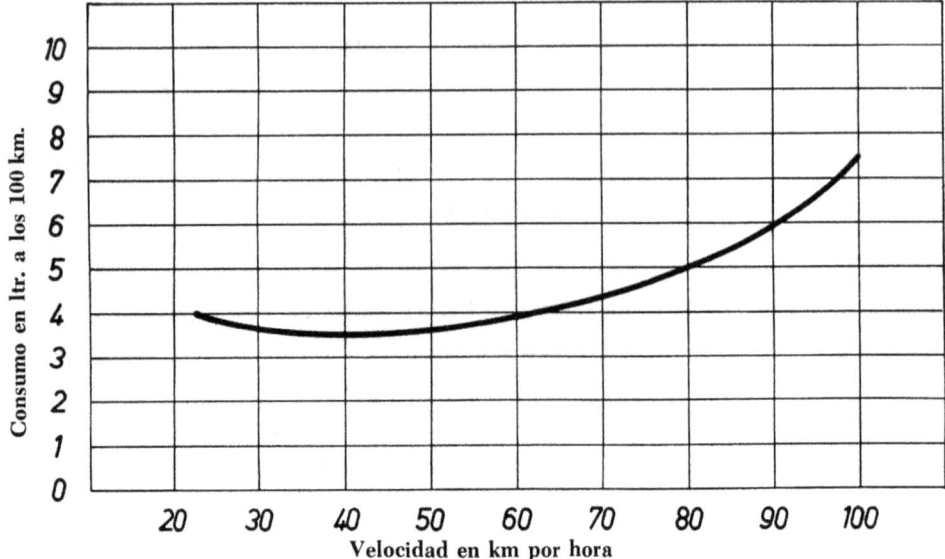

What is where? Quoi et ou? ¿Donde está cada cosa?

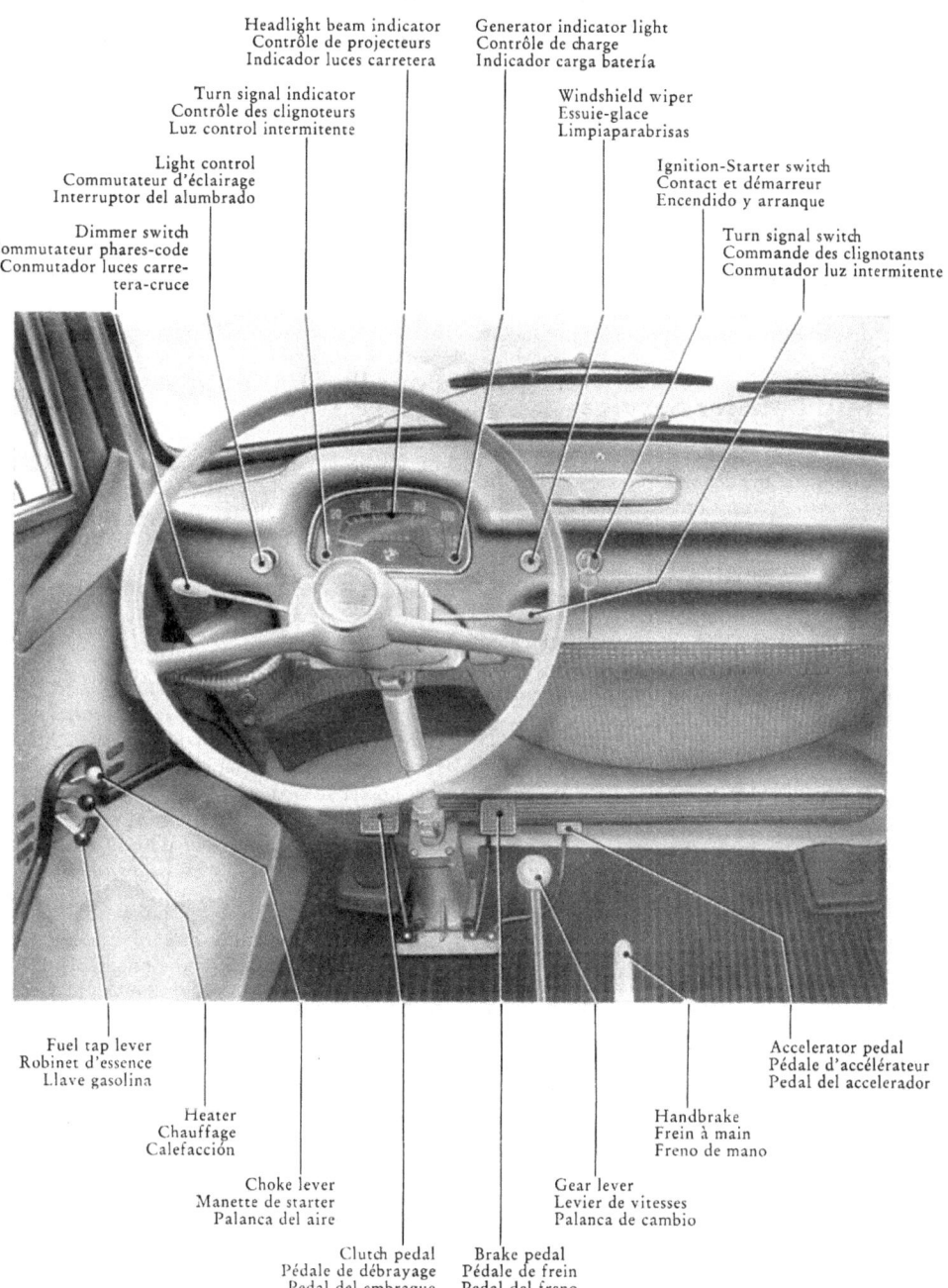

Headlight beam indicator
Contrôle de projecteurs
Indicador luces carretera

Turn signal indicator
Contrôle des clignoteurs
Luz control intermitente

Light control
Commutateur d'éclairage
Interruptor del alumbrado

Dimmer switch
Commutateur phares-code
Conmutador luces carre-
tera-cruce

Generator indicator light
Contrôle de charge
Indicador carga batería

Windshield wiper
Essuie-glace
Limpiaparabrisas

Ignition-Starter switch
Contact et démarreur
Encendido y arranque

Turn signal switch
Commande des clignotants
Conmutador luz intermitente

Fuel tap lever
Robinet d'essence
Llave gasolina

Heater
Chauffage
Calefacción

Choke lever
Manette de starter
Palanca del aire

Clutch pedal
Pédale de débrayage
Pedal del embrague

Brake pedal
Pédale de frein
Pedal del freno

Gear lever
Levier de vitesses
Palanca de cambio

Handbrake
Frein à main
Freno de mano

Accelerator pedal
Pédale d'accélérateur
Pedal del accelerador

13

Serial Number and Registration Details
(for police and customs authorities)

Serial number shield: In engine compartment, on left side wall. **Fig. 1 left**

Chassis number: On foremost transverse frame tube, below the right-hand door corner. Raise the covering lip of weatherstrip. **Fig. 1 right**

Engine number: Stamped on timing cover top, at right. **Fig. 2**

Throughout this handbook reference to right hand and left hand is made assuming the driver to be seated in the car and facing forward.

Fill-up Data for Service Stations

Fuel tank: In the rear of vehicle, above the engine. Access from outside, just above the right hand stop and tail light. **Fig. 3**

Capacity approx. 23 liters (6 U.S. gal. = 5 Imp. gal.) including 3 liters reserve. Automotive petrol (gasoline).

Engine oil filler: The filler plug is located on the left side of the engine. The lower portion of the filler neck holds the dipstick, which should only be inserted when measuring without screwing down. The oil level should never be permitted to fall below the lower mark of the dipstick. **Fig. 4 left**

Check oil level at regular intervals between the prescribed oil changes.

Oil change: The old oil should be drained while it is still warm and fluid. For this purpose remove drain plug on oil sump, and allow the last traces of the old oil to drain out completely before retightening the drain plug. **Fig. 4 right**

For renewing the **engine oil filter element** see page 40.

The fresh oil should be poured in through the filler orifice until it reaches the upper mark on the dipstick. Avoid oil level exceeding this mark.

The **required quantity** is 2 liters (4.2 U.S. pints = 3.5 Imp. pints) of branded -HD- Engine Oil (Otto-cycle engines), SAE 10 W 30 in summer and winter.

Indications pour police et douane

Plaquette de type: Dans le compartiment du moteur, contre la paroi de droite. **Fig. 1, gauche.**

Numéro de chassis: Dans la direction de la marche, en avant à droite, sur la traverse du chassis, sous l'angle de la porte. Soulever le bourrelet caoutchouc. **Fig. 1, droite.**

Numéro de moteur: gravé sur le couvercle de distribution, en haut, à droite. **Fig. 2**

Pour l'atelier et la station-service

Réservoir d'essence: A l'arrière au-dessus du moteur. Accès de l'extérieur à l'arrière à droite, au-dessus du feu de position et stop. **Fig. 3**

Contenance environ 23 litres. Réserve env. 3 litres, comprise.

Benzine normale de marque.

Remplissage d'huile moteur: Bouchon de remplissage à gauche, sur le moteur. Derrière ce bouchon est la jauge d'huile. Pour jauger, introduire la jauge, sans la visser. Ne pas laisser le niveau d'huile descendre plus bas que le repère inférieur de la jauge. **Fig. 4, gauche.** Le niveau d'huile doit être contrôlé aussi entre les vidanges prescrites.

Vidange: L'huile usée doit autant que possible être vidangée lorsque le moteur est chaud (température de fonctionnement). Dévisser alors le bouchon de vidange du fond de carter; le rebloquer après vidange. **Fig. 4, droite.**

Remplacement du filtre d'huile: voir page 40 Verser l'huile fraîche par l'ouverture de remplissage. Elle ne doit pas dépasser le repère supérieur de la jauge.

Contenance: 2,0 L.

Huile de marque, HD pour moteurs, SAE 10 W 30 en été comme en hiver.

Para la policía y aduana

Rótulo de características: Colocado en el costado derecho del compartimiento del motor. **Ilustración 1 izq.**

Número del chasis: Situado en la parte delantera derecha del travesaño tubular debajo del borde de la puerta viéndolo en dirección de la marcha. **Ilustración 1 der.**

Número del motor: Arriba a la derecha de la tapa frontal cubre engranes del motor. **Ilustración 2.**

Para talleres y estaciones de servicio

Depósito de gasolina: Colocado en la parte posterior del vehículo arriba del motor. Su accesibilidad es por la parte externa trasera y del lado derecho, precisamente arriba de la luz piloto y de pare. **Ilustración 3.**

Capacidad 23 litros aprox. Alrededor de 3 son de reserva. Emplear gasolina normal.

Carga de aceite en el motor: La boca de llenado de aceite se halla en el lado izq. del motor y más abajo del conducto de llenado se encuentra la varilla de nivel, la cual no deberá ser atornillada al medir el nivel de aceite. Este último no hay que dejarlo bajar de la marca inferior de la varilla. **Ilustración 4 izq.** Comprobar igualmente su nivel entre los cambios de aceite reglamentarios.

Al hacer el cambio de aceite procurar que el motor esté caliente. Para ello retirar el tapón roscado del cárter y dejar escurrir completamente el aceite viejo, luego apretar nuevamente dicho tapón roscado. **Ilustración 4 der.**

Para el cambio del filtro de aceite, véase pág. 41.

Al llenar de aceite nuevo el cárter procurar no rebasar la marca superior de la varilla de nivel.

Cabida 2 litros.

Usar aceite para motores Otto marca HD. Para verano e invierno SAE 10 W 30.

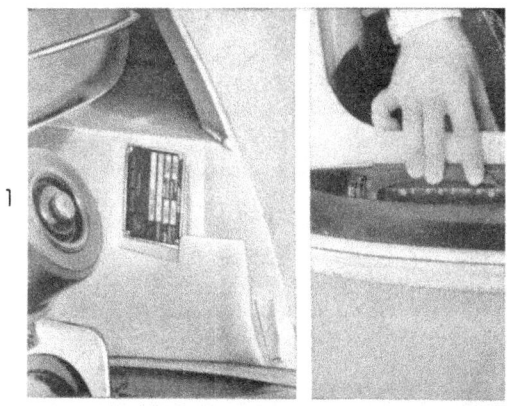

Refilling transmission and differential case:
The filler plug is located on the left-hand side of the combined transmission and rear drive case. **Fig. 5 left**

The transmission case should be drained whilst the oil is still warm. **The drain plug** is fitted in the base of the housing, at front. **Fig. 5 right**

When draining allow the used oil to drop out completely. Then replace the drain plug, and refill the case through the gearbox filler orifice until overflowing. Fill to the same extent when topping-up.

Required quantity approx. 1.25 liters (2.6 U.S. pints = 2.2 Imp. pints) of branded Engine Oil, SAE 10 W 30 in summer and winter.

The oil fillers on front axle swing arm bearings are readily accessible when the front wheels have been turned to the right, respectively to the left. Each of the front suspension units features one filler plug which gives access to a small oil reservoir. The oil contained therein serves to lubricate the fulcrum bearings of swing arm and brake plate stay. **Fig. 6**

Required quantity for each front axle oil reservoir approx. 13 c.c. of branded Engine Oil, SAE 10 W 30 in summer and winter.

Grease nipples (fittings): 10 lubrication points are to be supplied through grease nipples.

Grease nipples are provided at the top and bottom of **each swivel pin** (a and b **Fig. 7**), and at the **central bearing** of **each brake shield** (c **Fig. 7**). Give bearing of brake plate stay not more than one or two strokes of the grease gun.

A lubrication point is also provided at the **steering shaft**. To gain access to this nipple remove undershield. **Fig. 8**

Remplissage d'huile boîte de vitesses et différentiel

Le bouchon de remplissage se trouve du côté gauche (vu dans le sens de la marche), sur le carter du bloc boîte et différentiel.
Fig. 5, gauche.

Comme pour le moteur, la vidange doit être effectuée à chaud. Le **bouchon de vidange** est sous le carter, à l'avant, à sa partie la plus basse. **Fig. 5, droite.**

Laisser s'écouler totalement l'huile usée. Rebloquer le bouchon et remplir par l'ouverture de remplissage jusqu'à ce que l'huile déborde de cette ouverture. On complète de même manière le niveau, au besoin.

Contenance totale, environ 1,25 L.
Huile de marque, pour moteurs, SAE 10 W 30 en été comme en hiver.

Les trous de remplissage d'huile des bras oscillants avants sont facilement atteints en braquant à fond à gauche et resp. à droite les roues avants. Chacun des petits réservoirs, fermé par un bouchon fileté, sert à la lubrification de l'articulation de bras oscillant et de l'appui de frein. **Fig. 6**

Contenance, de chaque côté, environ 13 cm³
Huile de marque, pour moteurs, SAE 10 W 30 en été comme en hiver.

Points de graissage à la graisse consistante: pour l'ensemble, 10 graisseurs.

Les graisseurs servent à la lubrification des **articulations** supérieures et inférieures **de direction** (a et b, **Fig. 7**) et des articulations centrales d'appui de frein (c, **Fig. 7**). Pour ces dernières ne donner qu'un à deux coups de pompe.

Le graissage de l'arbre de direction à la graisse consistante, s'effectue aussi par un graisseur. Retirer pour celà la protection inférieure. **Fig. 8**

Carga de aceite en la caja de cambio y diferencial.

El **tapón roscado** del orificio de llenado se encuentra (visto en dirección de la marcha) en el lado izquierdo del bloque constituído por la caja de cambio y el diferencial. **Ilustración 5 izq.**

Igualmente vacíese el aceite del bloque de cambio en estado caliente. Para ello el tapón roscado de salida se encuentra adelante y abajo de la parte más profunda de dicho bloque. **Ilustración 5 der.** Después de haber dejado escurrir perfectamente el aceite usado, se atornillará nuevamente el tapón de salida. Luego vaciar el aceite nuevo por el orificio de llenado hasta que rebose. En esta misma forma se compensará posteriormente el aceite faltante.

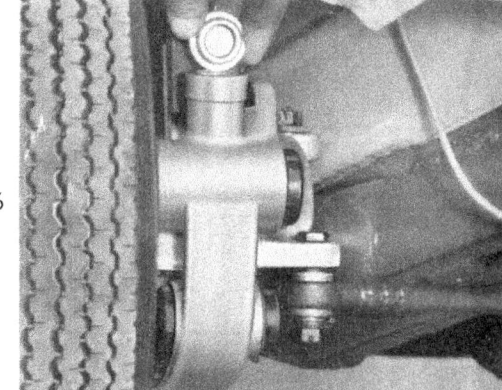

Cabida 1.25 litros.
Usar aceite para motores SAE 10 W 30 en verano e invierno.

Los pequeños depósitos que lubrican las articulaciones del brazo oscilante y del brazo del soporte del disco portafreno situados en el eje delantero, son fácilmente accesibles al virar las ruedas tanto a la derecha como a la izquierda. El sello hermético de dichos depósitos lo constituye el tapón roscado superior. **Ilustración 6. Capacidad de cada depósito 10 cm3 aprox.** Usar en verano e invierno el aceite para motores SAE 10 W 30.

Los niples de engrase son 10 en total. Dichos niples son para proveer de grasa la parte superior e inferior de los **pivotes de manguetas** a y b (según **ilustración 7**), así como la articulación central del **disco porta-freno** c (según **iustración 7**). A éste último le bastan de 1 a 2 inyecciones con la bomba de grasa manual.

Para **engrasar** el árbol **de la dirección** es necesario levantar el protector inferior para poder descubrir el niple. **Ilustración 8.**

Three grease nipples are provided on the **pedal shaft,** one for each pedal bearing.
Fig. 9

The universal joints, the sliding coupling and the upper support of the steering column do not need attention.

Lubricant for grease nipples:
Branded "Multi-Purpose" grease.

Lubrication of hinges and connections:
The joints lacking grease nipples, such as the door hinges, the clevis pins on the linkage mechanism of the pedal shaft, and all other parts causing friction should be given a few drops of oil from time to time by means of an oilcan. **Fig. 10 and 11**

The checking and greasing of the front and rear wheel bearings requires special workshop equipment, and should therefore be entrusted to a BMW Service Station.

Tire pressures: The tires deserve and require your special attention. Make sure the tires are correctly inflated, at least once a week, using a reliable tire gauge. **Fig. 12**

Maintain the following pressures:

1 to 2 Occupants
    Front: 1.1 atm. (15 lbs./sq. in.)
    Rear: 1.6 atm. (22 lbs./sq. in.)
3 to 4 Occupants
    Front: 1.2 atm. (17 lbs./sq. in.)
    Rear: 1.8 atm. (25 lbs./sq. in.)

The pressure difference between the two rear wheel tires or the two front wheel tires should not exceed a value of .1 atm. (1.4 lbs./sq. in.).

Les **trois pédales** sont également à pourvoir de graisse consistante à leur articulation, chacune par son graisseur. **Fig. 9**

Les articulations, l'accouplement coulissant et le palier supérieur de la colonne de direction ne nécessitent pas d'entretien.

Graisse consistante: graisse de marque, à emplois multiples.

Huilage des charnières et articulations:

Les points non pourvus de graisseurs, comme par ex. les charnières de portes, les articulations des transmissions des pédales et tous les endroits où s'exerce un frottement, doivent être graissés de temps à autre, à l'aide d'une burette d'huile. **Fig. 10 et 11**

Contrôler et repourvoir de graisse les roulements de roues avants et arrières est un travail qui doit être confié à un atelier BMW, disposant de l'outillage nécessaire.

Pression des pneus: à contrôler souvent, au moins tous les 8 jours. **Fig. 12.** La pression doit être, pour l'avant de 1,2 atm. et pour l'arrière de 1,8 atm.

Si le véhicule n'est, le plus souvent, occupé que par 2 personnes, gonfler à l'avant à 1,1 atm et à l'arrière à 1,6 atm.

La différence de pression entre les deux pneus avants ou les deux pneus arrières ne doit pas excéder 0,1 atm.

Las articulaciones de los 3 pedales que están montados sobre un mismo **eje** son engrasados por separado a través de cada uno de sus niples. **Ilustración 9.** En cambio las crucetas, la unión deslizable y la sujeción superior de la columna de la dirección no necesitan atención alguna.

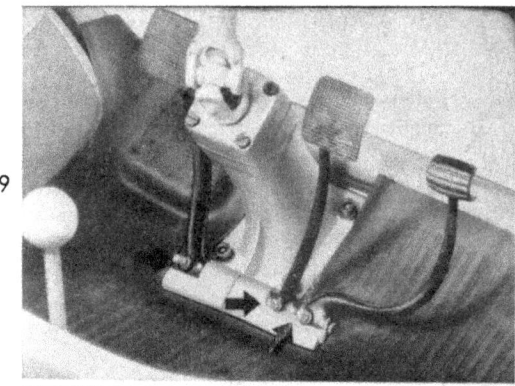

La grasa para los cojinetes y articulaciones es la normal.

Lubricación de las bisagras y articulaciones:

Lubricar de vez en cuando con una aceitera las articulaciones que carezcan de graseras como por ejemplo, las bisagras de la puerta, los pernos de las transmisiones de los pedales, así como cualquier pieza con movimiento recíproco. **Ilustraciones 10 y 11.**

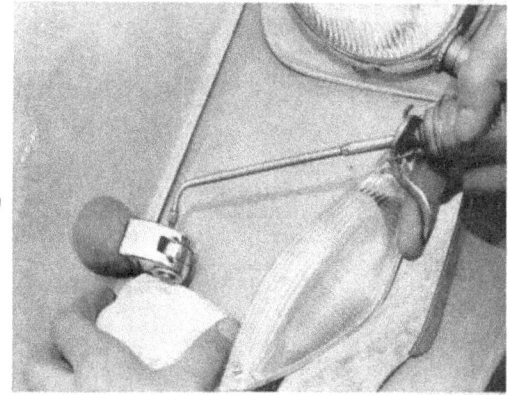

La comprobación y engrase de los cojinetes de las ruedas delanteras y traseras deberán ser llevados a cabo únicamente en un taller especializado BMW dotado de la herramienta correspondiente.

Presión de los neumáticos: Muy a menudo (por lo menos cada 8 días) hay que revisar la presión de los neumáticos. **Ilustración 12.** Para adelante 1.2 atm. y para atrás 1.8 atm.

En caso de viajar de preferencia dos personas la presión adelante será de 1.1 atm. y atrás 1.6 atm.

La diferencia de la presión entre los neumáticos delanteros y traseros no deberá ser mayor de 0.1 atm.

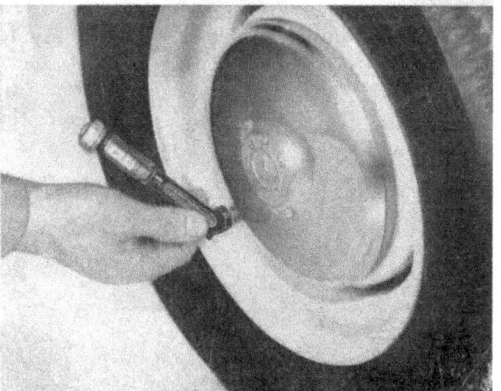

Battery maintenance: Ready starting of the engine depends upon perfect condition of the battery. It is therefore of utmost importance that the battery be thoroughly checked at regular intervals. After removal of the rear seat the battery is accessible for checking and maintenance. The battery cover is removed by loosening the wing nuts. **Fig. 13**

This gives access to six plugs, which are unscrewed to check specific gravity by means of a hydrometer. The gravity can then be read in Beaumé degrees (^{0}Bé), from the scale of a float.

Specific gravity

	for regular temperate zones	for tropical countries
Battery fully charged	1.28 (32^0 Bé)	1.23 (27^0 Bé)
half-discharged	1.23 (27^0 Bé)	1.19 (23^0 Bé)
fully discharged	1.14 (18^0 Bé)	1.10 (14^0 Bé)

Fig. 14

In addition, the battery should be checked by means of a voltmeter (provided with a shunt-connection resistance). The voltage of each cell should not fall below 1.6 volts while taking the reading (10–15 seconds). Under no-load conditions each charged cell should read 2 volts.

Add distilled water to each cell to bring the electrolyte level to approximately 10 mm (.39″) above the plates. Losses by evaporation may only be replenished by **adding distilled water.** **Fig. 15**

Never add acid (electrolyte), unless it is known that acid has been spilled from the battery.

Coat the clean posts and terminals with light grease or vaseline to prevent corrosion. **Fig. 16**

Contrôles de la batterie: De l'état de la batterie dépend que votre voiture soit toujours prête au départ. Il est donc nécessaire de contrôler régulièrement et soigneusement la batterie. On l'atteint en enlevant le siège arrière. En dévissant deux écrous à ailettes, on libère le couvercle. **Fig. 13.** On peut ainsi accéder aux 6 bouchons, que l'on dévisse pour contrôler la concentration de l'acide au moyen d'un aréomètre. Sur l'échelle de ce dernier, on peut lire le poids spécifique et respectivement la concentration de l'acide en degrés Beaumé (^{0} Bé).

Poids spécifique

	pour les climats tempérés	pour pays chauds
Batterie chargée	1.28 (32^0 Bé)	1.23 (27^0 Bé)
demi chargée	1.23 (27^0 Bé)	1.19 (23^0 Bé)
déchargée	1.14 (18^0 Bé)	1.10 (14^0 Bé)

Fig. 14

En outre, on utilise pour le contrôle de la batterie un contrôleur d'éléments (Voltmètre avec résistance couplée en parallèle). Pendant une mesure durant 10 à 15 secondes, la tension d'un élément ne doit pas tomber au-dessous de 1,6 Volt. La tension normale est de 2 Volts.

Le niveau de l'acide se situe normalement à 10 mm au-dessus du bord supérieur des plaques. Une baisse normale de niveau, causée par l'évaporation, ne doit être compensée **que par de l'eau distillée. Fig. 15.**

Il ne faut ajouter de l'acide que si ce dernier a été partiellement perdu en renversant la batterie, par ex.

Pour les protéger contre la corrosion, les pôles et les bornes seront périodiquement nettoyés et enduits de graisse spéciale pour cet usage. **Fig. 16.**

Control de la batería: La facilidad de arranque del motor depende del estado de la batería, siendo por lo tanto indispensable revisarla periódica y cuidadosamente. Su accesibilidad se consigue al levantar el asiento trasero y para retirar su tapa se aflojarán las tuercas de mariposa. **Ilustración 13.**

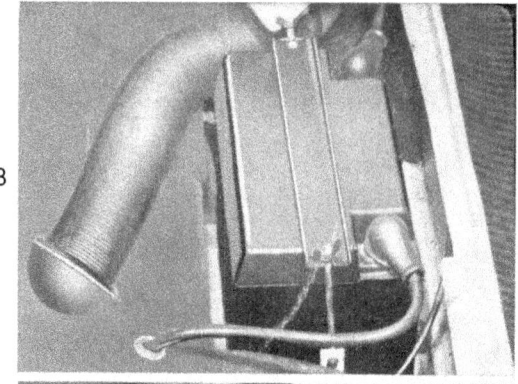

Los seis tapones ahora visibles se retirarán para efectuar el control del ácido mediante un densímetro (Areómetro). El peso específico se leerá sobre una escala o sobre un densímetro en grados Beaumé (Bé).

Peso específico

	para zonas templadas	para los trópicos
Batería cargada	1.28 (32° Bé)	1.23 (27° Bé)
con media carga	1.23 (27° Bé)	1.19 (23° Bé)
descargada	1.14 (18° Bé)	1.10 (14° Bé)

Ilustración 14.

Otro método que se utiliza para comprobar la batería es el voltímetro con resistencia en paralelo. Cada lectura debe de durar de 10 a 15 segundos con lo cual la tensión no deberá bajar de 1.6 V. La tensión nominal es de 2 V.

El nivel del ácido tiene que encontrarse aprox. entre 10 mm sobre el canto superior de las placas. En condiciones normales de evaporación agregar **únicamente agua destilada. Ilustración 15.** Completar el ácido faltante solamente cuando éste se haya derramado.

Para evitar la corrosión se embadurnarán bien con grasa o vaselina las terminales limpias de la batería. **Ilustración 16.**

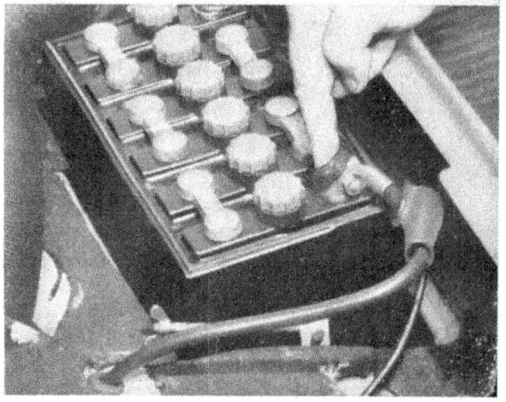

Operating Instructions

You have already learnt at the driving school how to handle a vehicle. Therefore we think it unnecessary to repeat all of it. With your BMW 600 you have acquired a vehicle which accomodates all these controls in a convenient arrangement that makes their handling a pleasure.

Before starting the engine turn on fuel by means of the three-position fuel tap. This is operated by the lowermost of the three levers provided above the left-hand wheel housing.

Lever forward = ON, lever central = CLOSED, lever to the rear = RESERVE.
Fig. 17

To start the engine **when cold,** pull choke lever backwards (the uppermost of the said three levers) **Fig. 18**

while the right hand, turning the ignition key, switches on the ignition, and pushing same in with a further short clockwise rotation operates the starter. **Fig. 19**

Do not depress acceleration pedal. As soon as engine starts, reset the choke lever slowly into its foremost position (within 1 minute approximately). The auxiliary starting carburetor is then cut out.

To start the engine when hot, do not pull the choke control lever, but assist starting by slightly depressing the gas pedal.

Starting at strong frosts and upon extended parking in the open air: **Before** stopping engine turn off fuel, and let engine run until carburetor is empty. Turn on fuel before starting. Switch off headlamps. To start the engine, depress clutch pedal to the floor. Previous storing of battery in a warm place will greatly assist the starting.

Caution:
Stopping the engine: Cut out ignition. Shut fuel line control tap immediately the engine is stopped. Never have ignition switched on for any length of time while. engine is stopped. **Fig. 20 left and right**

Utilisation et conduite

L'auto-école vous a appris comment on conduit une voiture. Nous pouvons donc vous éviter une répétition fastidieuse du tout. Vous vous êtes pourvu, avec votre BMW 600, d'une voiture dont tous les organes de commande sont judicieusement disposés et que vous aurez donc rapidement en main.

Pour mettre en marche le moteur, ouvrir d'abord le robinet d'essence. La manette qui le commande est l'inférieure du groupe de trois manettes se trouvant au-dessus du coffrage de roue gauche. En la poussant en avant, on ouvre le robinet; en la mettant en position médiane, on le ferme; en la tirant en arrière, on l'ouvre sur «réserve». **Fig. 17**

Seulement si le moteur est froid, tirer de la main gauche la manette supérieure (starter) vers l'arrière (pos. de départ) **(Fig. 18)** pendant que, de la main droite, on tourne la clef de contact, d'abord sur la position «contact», puis, en appuyant sur la clef et en tournant encore à droite, sur la position qui met en action le démarreur. **Fig. 19**

Ne pas donner de gaz avec l'accélérateur. Dès que le moteur part, lâcher la clef de contact qui revient à sa position «contact» puis repousser la manette de starter progressivement (en une minute environ) vers l'avant jusqu'à fond. Ainsi le dispositif utilisé pour le départ à froid est de nouveau hors service.

Si le moteur est chaud, ne pas utiliser la manette de starter, mais donner seulement un peu de gaz avec l'accélérateur.

Mise en marche par grand froid, la voiture étant restée longtemps dehors: **Avant** l'arrêt, fermer l'essence et laisser tourner le moteur jusqu'à ce que le carburateur soit vide. Avant le départ, ouvrir l'essence. Couper l'éclairage. En mettant en marche, appuyer à fond sur le débrayage. Le départ sera beaucoup facilité si la batterie a été déposée dans un endroit chauffé.

Arrêter le moteur: Couper le contact.
Attention: Dès l'arrêt du moteur, fermer tout de suite le robinet d'essence. Ne jamais laisser le contact d'allumage lorsque le moteur est à l'arrêt. **Fig. 20, gauche et droite.**

Manejo y funcionamiento

La explicación detallada para el manejo de un vehículo se lleva a cabo en la escuela automovilística y quizá usted haya aprendido a través de ella, por lo cual nos abstenemos de volverlo a repetir. Con el BMW 600 entra usted en posesión de un vehículo en el que todos los mandos están convenientemente dispuestos para facilitar las maniobras.

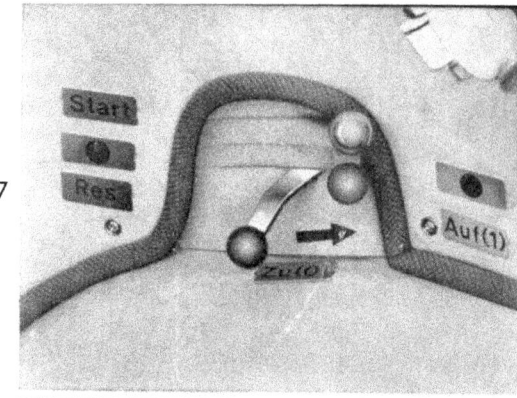

Para poner en marcha el motor, ábrase primeramente la llave de paso de la gasolina, cuya palanca es la inferior del conjunto de tres que se encuentran colocadas sobre la salpicadera delantera izquierda. Hacia adelante significa abierto «Auf», en la posición media, cerrado «Zu» y atrás, reserva «Reserve». **Ilustración 17.**

Solamente con el motor frío tírese hacia atrás, con la mano izq., la palanca superior que pertenece al aire. **Ilustración 18.** A la vez que con la mano derecha se conectará el encendido mediante una corta rotación de la llave del contacto en el sentido de las manecillas del reloj y se accionará el arranque al proseguir la rotación en el mismo sentido. **Ilustración 19.** No acelerar para arrancar. Una vez en marcha el motor regresar paulatinamente le palanca del aire hacia adelante hasta llegar a su posición original. Todo esto en el transcurso de un minuto. En esta última posición la palanca del aire está fuera de servicio.

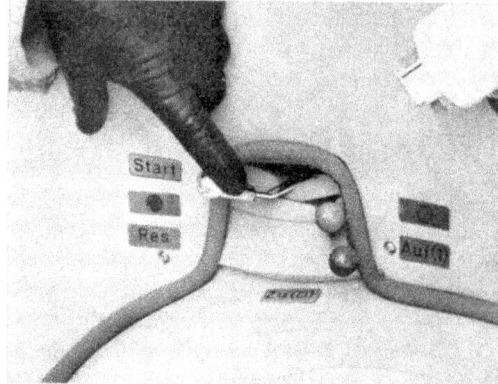

Con el motor caliente se recomienda no accionar la palanca del aire, solamente dar un poco de gas.

Puesta en marcha del motor en medio de rigurosa helada o después de haber estado mucho tiempo a la intemperie: Para ello **antes** de parar el motor, hay que cerrar la llave de la gasolina y dejar marchar el motor hasta que el carburador quede vacío. Al arrancarlo nuevamente, abrir la llave de la gasolina, desconectar los faros y apretar a fondo el pedal de embrague. Se puede facilitar considerablemente el arranque si la batería se guarda en un lugar templado.

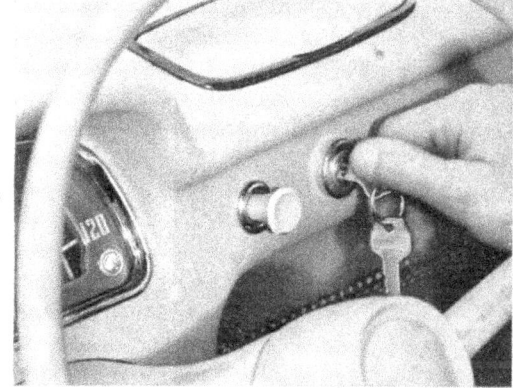

Para parar el motor desconectar la llave del encendido.

Atención: Al parar el motor, cerrar inmediatamente la llave de paso de la gasolina. Con el motor parado se recomienda no dejar conectada la llave del encendido por mucho tiempo. **Ilustraciones 20 izq. y der.**

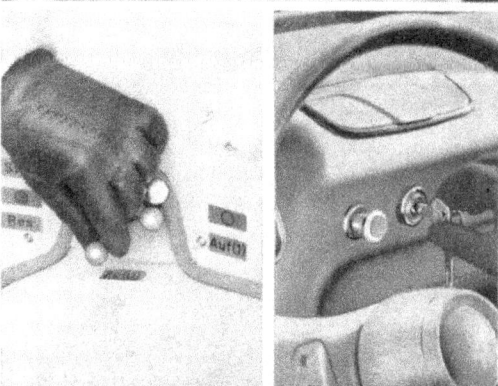

The shifting of the gears is extremely easy, specially if you adopt the habit not to grasp the gear lever with the whole hand, but to pull it with the fingers and to push it with the palm of your hand. The gear lever is with a shifting rod connected to the fully synchronized transmission. The various gear positions are to be seen from the shift pattern. To engage the reverse gear, first press down the gear lever vertically, move it to the left and pull it towards the rear. **Fig. 21**

The clutch operates so smoothly that the accelerator only needs to be depressed slightly when driving off. Once the vehicle is moving, do not leave your foot on the clutch pedal, as this is likely to cause clutch-slip, therefore put excessive wear on the clutch and on its operating mechanism as well. **Fig. 22**

The light control knob is on the right of the speedometer. Pull the knob out to first stop to illuminate parking, tail, license and speedometer dial lights. Pull all the way out for headlights. **Fig. 23**

The headlight dimmer lever on the steering column is shifted by the middle finger of your left hand without leaving the steering wheel. **Fig. 24**

Moving lever downwards switches headlights in the full beam position, which is indicated by a blue light on the speedometer face. Moving lever upwards dims the headlight beams.

To flash the headlights, draw the dimmer lever from any position towards the steering wheel. This signal-light that you may flash instead of blowing the horn, only operates when the ignition is switched "ON". (But it functions independently of the "ON" or "OFF" position of the lighting.)

Le passage des vitesses est extrêmement aisé, surtout si l'on s'accoutume à ne pas manoeuvrer le levier tenu à pleine main, mais à le pousser ou le tirer seulement du bout des doigts. Le levier est relié à la boîte totalement synchronisée par une tige de commande. La position des vitesses est visible sur le schéma. Le verrouillage de sécurité de la marche arrière est franchi en appuyant sur le levier, comme pour l'enfoncer dans le plancher. **Fig. 21.**

L'embrayage agit très progressivement; on peut démarrer avec relativement peu de gaz. En roulant, ne laissez pas le pied sur la pédale de débrayage; vous pourriez ainsi faire patiner l'embrayage, ce qui cause une usure prématurée et occasionne aussi, sur la butée de débrayage, une surcharge inutile. **Fig. 22.**

Le commutateur d'éclairage se trouve à gauche du compteur. En tirant le bouton à sa première position, on obtient les feux de position et l'éclairage du compteur; en le tirant à fond, on obtient les feux de route. **Fig. 23.**

La manette du commutateur phares-code peut être facilement manoeuvrée par le médius de la main gauche, sans lâcher le volant. **Fig. 24.**

En poussant la manette en arrière on met en action les projecteurs, avec la lampe bleue de contrôle des projecteurs. En tirant la manette en avant, on met en code. On actionne l'avertisseur lumineux en soulevant la manette, en direction du volant, dans n'importe quelle position. L'avertisseur lumineux ne fonctionne que si le contact d'allumage est mis. Il fonctionne indifféremment, que les feux soient allumés ou non.

El **cambio de las velocidades** resulta sumamente sencilla si se adquiere la costumbre de no agarrar la palanca con toda la mano, sino de halarla sólo con los dedos o empujarla con la palma de la mano. La palanca para el cambio de velocidades está conectada a la caja de cambio totalmente sincronizada por medio de una varilla. La distribución de las velocidades está representada en el esquema correspondiente. Para meter la reversa hay que empujar la palanca de cambio hacia abajo hasta vencer una resistencia elástica. **Ilustración 21.**

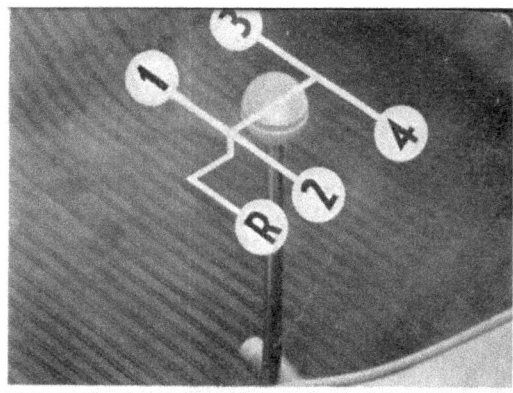

El **embrague** es de funcionamiento suave y puede arrancarse con relativamente poco gas. Mientras se halle en marcha el vehículo, no apoyar el pié en el pedal del embrague, porque podría originar que se patine el mismo y se origine un prematuro desgaste. Con lo cual se elimina igualmente el ejercer una presión innecesaria sobre su cojinete. **Ilustración 22.**

El **conmutador de las luces** se encuentra al lado izq. de velocímetro. Al extraer el botón hasta la mitad de su recorrido, se conectará la luz de población y hasta afuera la luz de carretera. **Ilustración 23.**

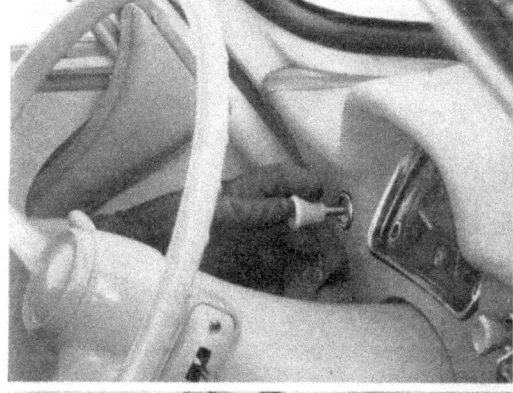

El **conmutador para las luces de carretera y cruce** puede ser accionado cómodamente con el dedo corazón de la mano izq. sin necesidad de soltar el volante. **Ilustración 24.**

Hacia abajo significa luz de carretera indicada por una luz azul de aviso pequeña y hacia arriba la luz de cruce. El aviso con ráfagas de luz se lleva a cabo halando hacia el volante la palanca del cambio de luces desde cualquiera que sea su posición. Este sistema funciona solamente con el encendido conectado. (Es indiferente si la luz principal se encuentra conectada o no)

The turn signal and horn control lever is operated with the middle finger of your right hand. **Fig. 25**
Pull down on the lever to signal a right turn; push up to signal a left turn. The green turn signal indicator light on the speedometer **comes on** when the directional lights are operating. The lever automatically returns to neutral when turn is completed. If only a slight turn is made it may be necessary to return the lever by hand.
The horn is operated by drawing the lever from any position towards the steering wheel.

The heating for the interior is closed when the middle of the three levers provided above the left-hand front wheel housing is set in its foremost position. (Plate with blue point.) Push back the HEAT lever to provide the amount of heating desired; all the way back to receive maximum heat. (Plate with red point.) **Fig. 26**

To defrost the windshield close the two heating flaps for rear and front foot-spaces.
Fig. 27 left and right

The windshield wiper switch to operate the two wiper blades is located on the right of the speedometer. **Fig. 28**
Parking of the blades is automatic when the switch is pushed in to the "OFF" position.

La manette de commande des feux clignotants et du claxon est actionnée par le médius de la main droite. **Fig. 25.**
La manette tirée en arrière met en action les feux clignotants droits, poussée en avant elle commande les feux clignotants gauches. La lampe-témoin clignotante verte, sur le cadran du compteur, permet de contrôler que les indicateurs de direction fonctionnent. La manette revient à sa position médiane lorsque la direction est remise en ligne droite. Cependant, lors de faibles changements de direction, elle doit être ramenée à la main.

On actionne le claxon en soulevant, dans n'importe quelle position, la manette de commande des clignotants, en direction du volant.
Le chauffage est hors service quand la manette médiane, au-dessus du coffrage de roue gauche, est poussée en avant (position marquée d'un point bleu). Il entre progressivement en service au fur et à mesure que l'on tire la manette en arrière (vers la position marquée d'un point rouge). **Fig. 26.**

Pour le dégivrage du pare-brise, il faut fermer les deux clapets du bas, à l'avant et à l'arrière. **Fig. 27, gauche et droite.**

Le bouton commandant les essuie-glace est à droite du compteur. **Fig. 28**
Le bouton peut être repoussé pour arrêter les essuie-glace quelle que soit la position de ceux-ci; ils reviennent automatiquement à leur position de repos.

El indicador de dirección y el accionamiento del claxon se efectúan con el dedo corazón de la mano derecha. **Ilustración 25.** Los virajes hacia la derecha se indican con la palanca atrás y hacia la izq. con la misma adelante. **Una luz verde de aviso, igualmente intermitente**, hará notar que los indicadores de dirección están conectados. Al enderezar la misma dirección, la palanca volverá automáticamente a su posición original. Solamente con pequeños virajes es indispensable regresar la palanca con la mano.

El claxon funcionará al subir la palanca de los intermitentes hacia el volante, no importando la posición que tenga.

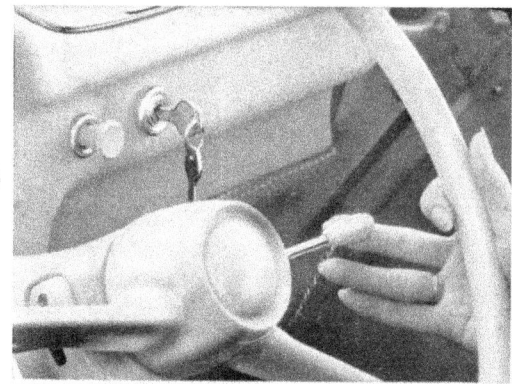

25

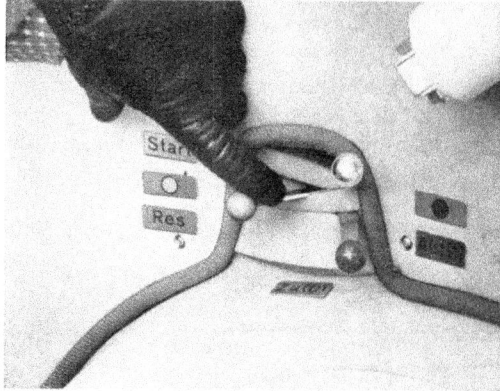

26

La calefacción está fuera de servicio, cuando la palanca media colocada sobre la salpicadera izq. esté hacia adelante. (Indicada en el esquema con un punto azul). A medida que se vaya variando su posición hacia atrás, la calefacción entrará en función paulatina y gradualmente. (Indicada en el esquema con un punto rojo). **Ilustración 26.**

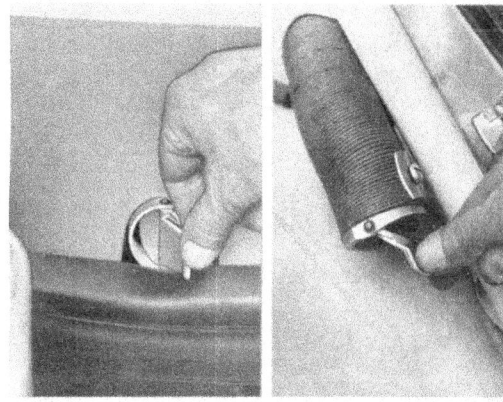

27

Para descongelar mejor el parabrisas se cerrarán las compuertas de la calefacción esparcidas en el piso adelante y atrás. **Ilustración 27 a izq. y der.**

El botón de los limpiaparabrisas se encuentra a la derecha junto al velocímetro. **Ilustración 28.** Al desconectar los limpiaparabrisas, éstos regresan automáticamente a su posición inferior.

28

The well shaped **front seat** with the bucket-type back rest is adjustable. To adjust the seat, release the wing nuts, situated below the seat at right and left, lift retaining clamps and slide the seat into the required position. Engage the retaining clamps in the provided locating holes, and tighten wing nuts. **Fig. 29**	**Le siège avant,** d'une forme bien étudiée, avec son dossier incurvé pour chaque occupant, est réglable. (Desserrer, sous le siège, les deux écrous à ailettes, à gauche et à droite, soulever les pièces d'arrêt et amener le siège dans la position désirée. Laisser retomber les pièces d'arrêt dans les trous correspondants et rebloquer les écrous à ailettes.) **Fig. 29.**
The ventilation of the interior is regulated by means of the **two sliding windows,** which have stop-spring catches to prevent unauthorized opening. To open a window, press the button of the locking device and simultaneously push the window to the desired position. **Fig. 30**	**Les deux glaces coulissantes** permettant de doser l'aération, sont assurées par des arrêts à rochets contre l'ouverture depuis l'extérieur. Pour ouvrir, appuyer sur le bouton, ce qui libère le verrouillage, et faire coulisser la glace à la position désiré. **Fig. 30.**
The spare wheel is carried behind the front door trim panel, which may be removed by loosening two knurled screws. The spare wheel is secured in position by a wing nut and a clamp plate. **Fig. 31** Please don't forget to regulary check the pressure of the spare wheel tire.	**La roue de réserve** se trouve sous la garniture de porte avant que l'on peut enlever après avoir dévissé deux écrous moletés. La roue est maintenue par un étrier et un écrou à ailettes. **Fig. 31.** Ne pas oublier de contrôler de temps en temps la pression du pneu!
Jack and toolkit are stowed below the rear seat. **Wheel changing** does not envolve any troubles. Secure the car to prevent rolling-off and tilting from the jack. Remove the spare wheel, place it within easy reach and remove hub cap with the aid of a screwdriver. **Fig. 32**	**Le cric et la trousse d'outils** sont sous le siège arrière. **Le changement de roue** ne présente aucune difficulté. Caler d'abord la voiture pour éviter qu'elle se déplace, ce qui ferait basculer le cric. Placer à portée la roue de secours préalablement sortie; enlever à l'aide d'un tournevis le chapeau de la roue à remplacer. **Fig. 32.**

El asiento delantero, con respaldo acojinado y asiento bien delineado, es ajustable. (Para llevarlo a cabo hay que aflojar las tuercas de mariposa en ambos lados por debajo del asiento, levantar los sujetadores de abrazadera y colocar el asiento en su posición deseada. Luego hacer coincidir la abrazadera en el agujero indicado y apretar las tuercas de mariposa). **Ilustración 29.**

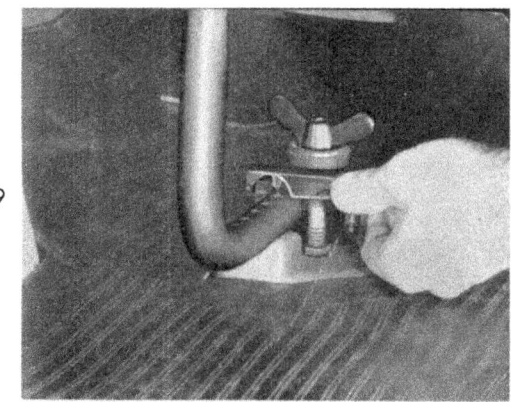

Las dos ventanas corredizas, que regulan la ventilación, están protegidas contra robo por medio de dispositivos de blocaje colocados en su interior. Para abrirlas hay que empujar un perno del mismo y correr la ventana a la posición más conveniente. **Ilustración 30.**

La rueda de repuesto está colocada atrás del revestimiento de la puerta delantera. Para retirar el primero, hay que aflojar los dos tornillos moleteados, mientras que la rueda está sujeta con una abrazadera y tuerca de mariposa. **Ilustración 31.** No olvidar de vez en cuando de comprobar la presión de dicho neumático.

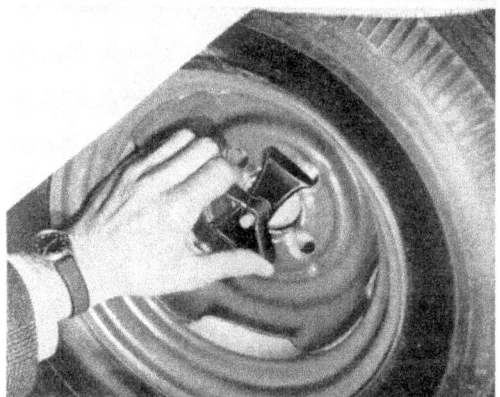

El gato y la dotación de herramientas están alojados abajo del asiento trasero.

El cambio de las ruedas no supone dificultad alguna. Primeramente hay que asegurar el vehículo contra deslizamientos, para evitar que el gato se voltee. Luego colocar la rueda de reserva al alcance de la mano y mediante un desatornillador quitar el tapacubo o embellecedor de la rueda por quitar. **Ilustración 32.**

Now loosen, but do not remove, the four wheel nuts and insert the lifting arm of the jack well home in the tubular socket which is welded to the chassis on either side in front of the rear wheel **(Fig. 33)**. Fit the ratchet handle to the square at top of jack side marked "AUF" upwards and raise the car until the tire clears the ground **(Fig. 34)**.

Après avoir desserré les écrous de roue, introduire le bras du cric dans l'un des tubes soudés au chassis à cet effet, à droite ou à gauche selon le besoin **(Fig. 33)** et soulever la voiture en tournant la vis du cric, au moyen de la clef à cliquets **(Fig. 34)**.

Remove the four wheel nuts, withdraw the wheel and put on the spare, tightening the wheel nuts. Lower the car using the ratchet handle side marked "AB" upwards until wheel touches ground. Retighten wheel nuts and install hub cap.

The rear view mirror is adjustable to suit individual requirements. **Fig. 35**

Enlever les 4 écrous de roue, remplacer la roue, remettre les écrous et les serrer. Retourner la clef à cliquets du cric, descendre la voiture. Bloquer à fond les écrous de roue, remettre le chapeau.

Le rétroviseur est articulé dans tous les sens et, par conséquent, facilement réglable dans la bonne position. **Fig. 35**.

To remove **the ash tray** for cleaning, open the cover, depress one of the retaining springs at the left or right, and withdraw the entire assembly by pulling on the cover. **(Fig. 36)**. The ash tray is installed by pushing it down until the retaining springs engage with a click.

Pour vider le cendrier, ouvrir le couvercle, bien appuyer vers le bas sur un des ressorts d'arrêt droit ou gauche et sortir le cendrier par le couvercle. **Fig. 36**. En replaçant le cendrier, l'enfoncer jusqu'à ce que les deux ressorts d'arrêt soient accrochés.

Al haber aflojado las tuercas de la rueda, colóquese el gato debajo de uno de los tubos que para tal motivo han sido soldados tanto a la izquierda como a la derecha del chasis. **Ilustración 33).** En seguida levántese el coche haciendo girar los engranes con trinquete del gato mediante la manivela. **(Ilustración 34).** Una vez quitadas totalmente las tuercas, se cambiará la rueda. Con la nueva puesta se apretarán las tuercas con la mano, se bajará el gato y finalmente se volverán a apretar firmemente en diagonal. Luego se colocará el embellecedor.

El espejo retrovisor es girable a cualquier dirección, siendo por lo tanto fácilmente ajustable. **Ilustración 35.**

Para vaciar el cenicero hay que levantar la tapa del mismo, empujar uno de los resortes a derecha e izquierda y sacarlo agarrado de la tapa. **(Ilustración 36).** Para colocarlo nuevamente en su lugar, empújese hacia abajo hasta que la muesca de la muelle haya entrado en su lugar.

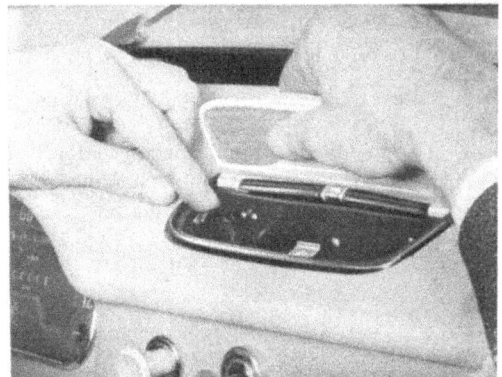

Door handles and interior locks.
The front door is locked by pushing the small safety lever upwards **(Fig. 37 left)**. The rear door is closed by moving its interior handle to position (a) **(Fig. 37 right)**. To open, turn the door handle upwards (position b) and to lock this door push the handle to position (c).

Verrouillage des portes avant et latérale. Pour verrouiller de l'intérieur la porte avant, pousser vers le haut la patte de sécurité **(Fig. 37, gauche)**. La porte latérale est assurée lorsque la poignée est en position (a) **(Fig. 37, droite)**. Pour la libérer, amener la poignée vers le haut (en position b) et pour verrouiller, la tirer vers la position (c).

The **rear seat** may be quickly and easily **converted into cargo space:**
Pull the backrest away from its rubber supports, and fold it down. Grasp rear of backrest, pull it up as far as the holding links will allow it, and push the backrest rearwards until it touches the rear wall. **Fig. 38**

Le dossier du siège arrière peut être rabattu en avant, ce qui augmente considérablement la place disponible pour les bagages. Pour celà, le dégager des fixations caoutchouc. Pour le refixer dans sa position relevée, le ramener en arrière, puis le soulever autant que les deux biellettes d'articulation le permettent et l'appuyer en arrière. **Fig. 38.**

Opening the engine hood: Simply turn both handles inwards, and open the hood. **Fig. 39**

Ouverture du capot moteur: tourner vers l'intérieur les deux poignées en bas, soulever le capot. **Fig. 39.**

To retain the hood in the open position, pull the hood prop away from the holding spring (a) and raise it to support the hood at the provided bracket. **Fig. 40**

Support du capot: il est maintenu par un ressort (a). Le dégager, le relever et l'introduire dans l'oeillet de l'équerre fixée au capot à cet effet. **Fig. 40.**

Los seguros de las puertas delantera y trasera. Para asegurar la puerta delantera se empujará el cerrojo hacia arriba **(Ilustración 37 izq.)**. En cambio la puerta trasera estará cerrada cuando la manivela esté en posición a **(Ilustración 37 der.)**. Para abrirla, girar la manivela hacia arriba (posición b) y para echarle el cerrojo, presionar la manivela a la posición (c).

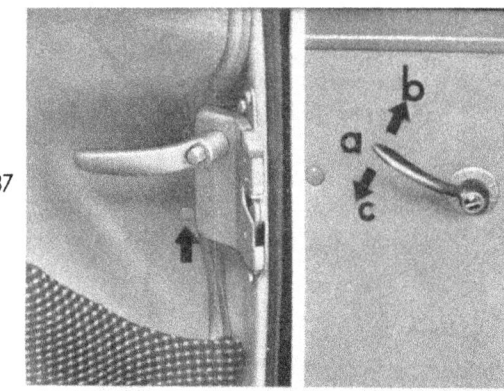

El respaldo del asiento trasero puede ser doblado hacia adelante, agrandando con ello el espacio disponible al equipaje. Para convertirlo, hay que sacar el respaldo de los apoyos de goma y doblarlo hacia adelante, luego levantarlo por la parte trasera tanto como lo permitan sus articulaciones y empujarlo después hacia atrás. **Ilustración 38.**

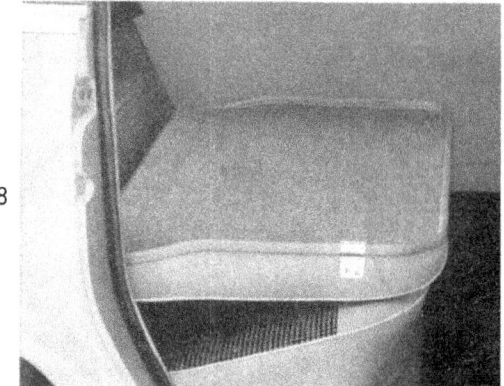

El capó inclinado que da acceso al motor se levantará al girar las manivelas externas hacia adentro. **Ilustración 39.**

La varilla de apoyo, que sirve de sostén, se sacará de la muelle (a) y se colocará en el ángulo correspondiente del capó. **Ilustración 40.**

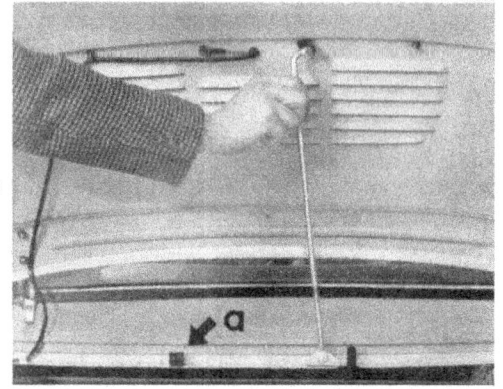

General Hints

Your brilliant new BMW 600 combines excellent road holding and cornering with wonderful responsiveness and surprising climbing capability. It quickly inspires confidence and in a very short space of time you feel completely at home in the car. Yet this feeling of security and safety should not tempt you to become careless. Adapt the speed of the car to the prevailing road and traffic conditions. Please remember that particularly at the end of the cold season, when most of the roads are already free from ice, the stretches on shady and sheltered places, especially those on forest borders, still endanger the traffic. Bends, sudden braking and excessive speeds can entail deadly risks under such conditions. Therefore, adjust the speed of your car to the conditions of road, traffic and weather, and always be ready to bring your car to a stop when necessary. **Pass other vehicles with consideration.** Always be sure that the road is clear ahead of you and look out for cars approaching you from the opposite direction. A brief look in your rear view mirror will tell you whether another car is about to pass you from behind. If you have to shift into a lower gear do it before, not while overtaking.

Always change down early when encountering a gradient in order to maintain an adequate number of revolutions. It is a bad practice to allow an engine to labour on a hill, and besides this method of driving is not a fuel-saving one. Also remember that the engine needs cooling and should therefore be run at appropriate r.p.m. rates.

When driving downhill, shift early to that gear which you would use in driving uphill. Thus you will save and preserve your brakes.

Long open descending stretches should never tempt you to exceed **the specified maximum speeds. Do not pump the gas pedal** unless circumstances require it. Even the small quantity of fuel additionally discharged by the accelerator pump each time the gas pedal is depressed results in marked increase in the total fuel consumption. **When accelerating, step on the gas pedal slowly** and only to such an extent as is necessary for the intended speed. Always apply the brakes gently and progressively. By adopting this smart driving method you'll get **more miles** for a gallon. Try to find out how to drive your car rapidly and economically.

Caution: Remember that the exhaust fumes are extremely poisonous. Care for good ventilation and see to it that the fumes can escape when starting engine in the garage.

When stopping your car temporarily in front of a traffic light or railroad crossing, do not wait for free passage with the clutch pedal pressed down and the gearshift lever in position! Shift to first gear shortly before moving on again, it will preserve the clutch!

Ready starting of the engine and proper lighting depend upon perfect condition of the battery. Therefore be particularly careful to maintain the proper charge rating. The flexibility of its engine allows the BMW 600 to amble in top gear at speeds below the 25 m.p.h. mark. When the lights are on, however, the adequate charging of the battery is not more warranted with this driving habit. To be sure of quick, trouble-free starts you should therefore, when trickling along with crowded city traffic, always try to maintain adequate engine revs by early shifting to lower gear.

The 4 gears-synchronised mechanism of the BMW transmission greatly facilitates gear shifting. When changing gear move the shift lever slowly through the neutral position towards the gear to be selected and wait a moment before completing the shift. During this short period the shifting drum and the gear in question are brought into synchronism, when the shift may be completed without double declutching. Never use force to engage a gear as snappy changes are liable to beat the synchromesh.

Before any trip and specially after car washing make it a rule to check the brakes for safety's sake.

When brake linings have become wet from car washing, the brakes will be ineffective until dried out. It is then of vital importance to restore the full braking efficiency of your car by repeated operation in a trial run.

Considérations générales

Votre BMW 600 est une voiture d'une tenue de route remarquable, se comportant impeccablement en virages et disposant d'accélérations et de possibilités en côte excellentes. Après fort peu de temps vous constaterez avec étonnement á quel point vous vous sentez en liaison avec votre véhicule. Ne vous laissez cependant pas entraîner à une conduite irréfléchie. Adaptez en tout temps votre vitesse aux conditions de la route. N'oubliez pas, particulièrement à la fin de l'hiver, lorsque les routes sont en grande partie débarrassées de neige et de verglas, que le danger subsiste encore dans les zones non ensoleillées ou abritées du vent et aux endroits où la route traverse des forêts. Virages, freinages brusques, conduite trop rapide, peuvent alors vous mettre en péril. Conduisez donc de telle sorte qu'il vous soit toujours possible de ralentir ou, s'il le faut, vous arrêter, bien assez tôt. Lors de **dépassements,** assurez-vous que vous avez devant vous assez de route libre, regardez dans le rétroviseur pour avoir la certitude qu'un autre véhicule n'entreprend pas de vous dépasser. Si vous devez changer de vitesse en rétrogradant, faites-le avant le dépassement et non pas pendant. **En côte, passez à temps à un rapport inférieur** afin de maintenir le moteur à un régime favorable. Il ne convient pas à votre moteur de tourner à un régime trop bas; vous n'épargnez ainsi pas de carburant. Pensez que votre moteur nécessite un bon refroidissement et que, pour l'obtenir, il doit tourner à un régime convenable.

En descente, engagez à temps la vitesse que vous auriez utilisée pour monter. Vous économisez ainsi vos freins.

Ne vous laissez pas aller, lors de longues descentes, à conduire plus vite que les **vitesses maximales prescrites.** En roulant, **ne jouez pas avec la pédale d'accélérateur.** Les petites quantités additionnelles de carburant que la pompe d'accélération injecte à chaque mouvement de la pédale, se totalisent finalement en une augmentation appréciable de la consommation. **A l'accélération, ne donnez que progressivement des gaz** et n'en donnez pas davantage que la vitesse désirée le requiert. Freinez modérément et pas plus qu'il n'est nécessaire. Cette façon rationnelle de conduire vous permettra de parcourir davantage de kilomètres avec l'essence que vous achetez. On peut conduire vite et rationnellement.

Souvenez-vous que **les gaz d'échappement sont extrêmement nocifs** et assurez une bonne aération de votre garage et un bon dégagement des gaz, lorsque vous mettez en marche votre moteur à l'intérieur.

Lors d'arrêts aux passages à niveau ou devant les signaux de la circulation, ne laissez pas une vitesse engagée et la pédale de débrayage à fond, en attendant le départ. Mieux vaut mettre au point mort et n'engager la première vitesse qu'immédiatement avant que la route soit de nouveau libre. On évite ainsi une usure prématurée du débrayage.

Des départs faciles et un bon éclairage, telles sont vos exigences vis-à-vis de la batterie. Prenez donc soin de lui assurer une charge convenable. La souplesse de votre moteur vous permet de rouler en 4e. vitesse à moins de 40 km/h. Mais, de cette manière, si les phares sont en service, la batterie ne reçoit pas un courant de charge suffisant. Il est donc nécessaire, pour que la charge de la batterie permette toujours de bons départs, de rouler en maintenant son moteur au régime, c. à d. en engageant une vitesse inférieure si l'on doit circuler lentement, par exemple dans le trafic urbain.

La synchronisation de toutes les vitesses, de la boîte BMW, facilite grandement les passages de vitesses: amener sans effort le levier, en franchissant la position de point-mort, en direction de la position où l'on veut l'engager. Marquer alors un bref temps d'arrêt. Pendant ce temps, le dispositif de synchronisation égalise les vitesses des pièces qui vont être mises en prise. On peut donc achever d'engager la vitesse sans action intermédiaire de l'accélérateur. Un passage direct et brutal peut, dans certaines circonstances, causer un dégât à la boîte de vitesses.

Au départ et particulièrement après un lavage, il est nécessaire de s'assurer que les freins sont efficaces. Si de l'eau a pénétré dans les tambours de freins, la puissance du freinage peut être diminuée; plusieurs freinages successifs la rétablissent alors dans toute sa valeur.

Indicaciones generales

Su BMW es un vehículo con magnífica adherencia a la carretera, excelente estabilidad en las curvas y una aceleración y poder ascensional extraordinarios. Al cabo de un corto tiempo habrá usted experimentado con verdadero asombro lo unido que se sentirá con él. Pero no por eso se deje llevar por impulsos irreflexivos al conducir. Ajústese más bien a las diferentes velocidades que rigen en las carreteras y calles. Tenga presente, que no obstante que la mayoría de los caminos han sido ya escombrados de nieve y hielo al finalizar el invierno, todavía existe el peligro en los lugares poco asoleados y protegidos por el viento, incluyendo todavía aquellos recodos en donde los bosques llegan hasta la vera del camino. Las curvas, enfrenamientos bruscos, altas velocidades pueden ser tambien su fatalidad. Por lo tanto conduzca de tal manera que pueda aminorar su velocidad y en caso necesario detener a tiempo su vehículo. **Al rebasar,** cerciórese que delante de sí disponga de espacio libre suficiente, pero al mismo tiempo asegúrese a través de su espejo retrovisor, que no exista detrás de sí otro vehículo con las mismas intenciones. **En las pendientes cambie** a tiempo a la velocidad inferior para mantener al motor dentro de sus revoluciones más favorables. A éste no le asienta que lo forcen caminándolo a marcha lenta. Con ello no ahorra usted gasolina. Piense también que el motor necesita de ventilación, lo cual constituye otro de los factores por los cuales éste tiene que ser mantenido dentro de sus «revoluciones».

Al descender hacia las planicies, procure cambiar opurtunamente a la velocidad inmediata inferior, precisamente a aquella con la cual usted haría el ascenso. Con ello cuidará sus frenos.

Si a lo largo de su camino se encontrase delante de un descenso prolongado, no se deje seducir y **sobrepase el limite de la velocidad máxima admisible. Tampoco «juegue» con el acelerador mientras maneja.** Cada pequeña cantidad de gasolina que usted inyecta al motor al mover bruscamente el pedal del acelerador, se manifestará más tarde en el consumo total. **Por este motivo acelere paulatinamente,** siempre con una cantidad de gasolina proporcional a dicha velocidad. Al enfrenar hágalo suavemente y no más de lo necesario. Siguiendo estas normas de conducir usted elevará el **rendimiento** de su vehiculo. Seguramente que se puede manejar aprisa y al mismo tiempo razonablemente. **Tenga igualmente presente que los gases des escape son venenosos.** Procure por lo tanto ventilar y desalojar los mismos cada vez que eche a andar su motor dentro del garage.

Cuando tenga que **parar temporalmente** ante los cruceros del ferrocarril o ante los semáforos, no espere la señal de siga con la velocidad puesta o lo que es lo mismo con el pedal de embrague metido. Espere a que tenga vía libre y entonces meta la velocidad. Con ello cuidará el embrague.

Para un arranque fácil y una buena luz, la batería del coche es la responsable. Procure por lo tanto mantenerla siempre en buenas condiciones de carga. Cabe hacer notar que una de las causas que originan una deficiencia en dicha carga, acrecentada aún al incluir el encendido de las luces, es la elasticidad del motor que permite rebajar la velocidad del vehículo en cuarta hasta 40 km por hora. Para evitar esta deficiencia y tener una seguridad en el encendido del motor, se recomienda mantener al motor en sus «revoluciones» de trabajo. Esto implica, principalmente en las reducidas velocidades de la ciudad, cambiar a la velocidad inmediata inferior.

La sincronización total de la caja de cambio BMW facilita notablemente el cambio de las velocidades. Para llevarlas a cabo basta oprimir ligeramente la palanca de cambio hasta trasladarla a través del neutro a la velocidad deseada. En dicha posición neutral es indispensable hacer una pequeña pausa para darle tiempo al sistema sincronizador a que establezca una igualdad de rotación entre el manguito deslizable y la velocidad respectiva. Con esto se eliminará el accionar dos veces el embrague. Una fuerza exagerada sobre la palanca de cambio provocada solamente desajustes internos.

Precisamente después de haber lavado el coche, es indispensable probar los frenos siguiendo para ello las instrucciones respectiva. Con los frenos mojados se disminuye su efectividad, y para recuperarla, es necesario accionar varias veces el pedal del freno con el vehículo en marcha.

Technical Maintenance

To achieve this maintenance work you need enthusiasm, time and some special knowledges. Therefore these jobs should only be carried out by yourself, if they can be done well.

Cleaning, respectively changing air filter element. Unscrew the knurled nut, withdraw top cover of filter and remove dust accumulation which has collected on element by dropping same several times on a wooden block or by blowing out the element with moderate air pressure applied from inside. **Fig. 41**

Changing oil filter element. Clean surroundings of filter on left side of engine housing, and remove the location screw to release the cover. Be careful not to lose retaining spring and spring plate with inserted rubber gasket. Change oil filter element. **Fig. 42**

Changing fuel filter element, cleaning water trap. Close the fuel shut-off cock. Loosen wing nut located below the filter-retaining clamp so far as to allow the latter to be turned and the inspection glass removed. Remove screw holding fuel filter element, out of fuel tap and renew the element. **Fig. 43**

Cleaning spark plugs, checking electrode gap. Remove spark plug covers. Remove spark plugs by means of the spark plug spanner, and clean the plugs with a steel wire brush. **Fig. 44 left**

Use the toolkit feeler gauge to reset the gaps to .7 – .8 mm. (.027 – .031″). **Fig. 44 right**

Before installing the plugs coat the threads with graphite paste, but do not allow paste to get on the electrodes or into the interior of the plug.

Entretien mécanique

Pour exécuter soi-même les travaux d'entretien il faut, outre l'intérêt que l'on porte à son véhicule, du temps et quelques connaissances techniques. Nous vous prions de recourir à un spécialiste si vous ne pouvez pas objectivement avoir la certitude qu'ils seront impeccablement accomplis par vos soins.

Nettoyage, évent. remplacement de la cartouche du filtre d'air. Dévisser l'écrou moleté, retirer la cloche de protection et la cartouche. Débarrasser cette dernière de la poussière qui y adhère en la frappant légèrement contre un objet pas trop dur ou en dirigeant prudemment un jet d'air sous pression, depuis l'intérieur. **Fig. 41**

Remplacement de la cartouche du filtre d'huile. Nettoyer les environs du filtre, à gauche du carter moteur et dévisser la vis de fixation. Retirer le couvercle, en veillant au ressort et à sa coupelle avec bague caoutchouc. Remplacer la cartouche. **Fig. 42**

Remplacement de la cartouche du filtre d'essence, nettoyage du séparateur d'eau. Fermer le robinet d'essence. Desserrer l'écrou à ailettes, sous l'étrier de fixation, jusqu'à ce que l'on puisse rabattre ce dernier et dégager la calotte de verre. Dévisser la vis moletée maintenant la cartouche et remplacer celle-ci. **Fig. 43**

Nettoyage des bougies, contrôle de l'écartement de leurs électrodes. Retirer les contacts et dévisser les bougies à l'aide de la clef à bougies, puis les nettoyer avec une brosse en fils d'acier. **Fig. 44, gauche**

Régler l'écartement des électrodes à 0,7 – 0,8 mm à l'aide d'une jauge. **Fig. 44, droite**

Avant de remonter les bougies, en enduire le filetage de graisse graphitée. Attention de ne pas graisser les électrodes ou l'intérieur de la bougie.

Cuidados Técnicos

Para llevar a cabo uno mismo los trabajos de mantenimiento, se necesitan además del afecto al vehículo, ciertos conocimientos técnicos. Por lo tanto llévelos a cabo únicamente cuando esté seguro de poderlos realizar.

Para cambiar y limpiar el cartucho del filtro de aire es menester quitar la tuerca moleteada, la campana protectora del filtro y entonces sopletear con cuidado al cartucho retirado desde su interior o golpearlo sobre un obstáculo blando. **Ilustración 41.**

41

Para cambiar el cartucho del filtro de aceite hay que limpiar primero alrededor del filtro, el cual se encuentra alojado a la izq. y abajo de la caja del motor. Luego retirar su tornillo de sujeción y retirar la tapa. En estas condiciones cambiar el cartucho teniendo cuidado del anillo de hule que forma parte del resorte de presión y del platillo elástico. **Ilustración 42.**

42

Cambiar el cartucho del filtro de la gasolina y limpiar el separador de agua. Para ello cerrar la llave de la gasolina, aflojar luego lo más que se pueda la tuerca de mariposa que se encuentra abajo de la abrazadera de sujeción, voltear ésta última hacia arriba y sacar el depósito de vidrio. Una vez retirado dicho depósito, se puede cambiar el cartucho de la llave de paso desatornillando para ello su tornillo moleteado de sujeción. **Ilustración 43.**

43

Para limpiar las bujías y comprobar la separación de los electrodos hay que retirar primero los capuchones, sacar dichas bujías con la llave especial y limpiarlas con un cepillo de alambre. **Ilustración 44 izq.**

Ajustar luego con el calibrador, la separación de los electrodos a 0,7 – 0,8 mm.
Ilustración 44 der.

Antes de introducir las bujías, embadúrnese su rosca con grasa grafitada, procurando no tocar sus electrodos ni ensuciar su interior.

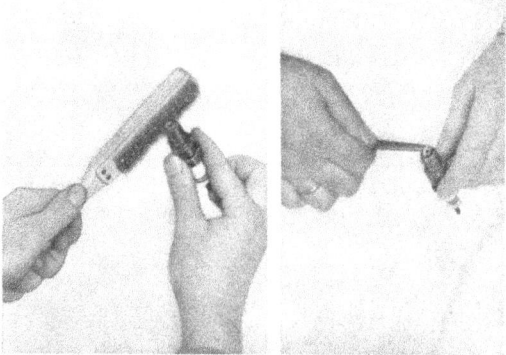

44

41

Adjusting contact breaker points. Detach undershield and the protective wire-netting in front of the blower wheel. Remove the three screws retaining the blower wheel and withdraw the latter by hand. Burned or pitted breaker points can be smoothed with a special file. Breaker points should be replaced if they are badly pitted or burned. To adjust the contact breaker gap remove spark plugs and turn the engine by hand until the contacts are fully opened. Now insert the gauge (.4 mm. = .016″) to check the gap: the gauge should be a sliding fit in the gap. **Fig. 45**

If the gap is too big or too small, loosen lock screw **(a Fig. 46)** of fixed breaker point and turn the eccentric adjusting screw **(b Fig. 46)** until the gap is set to the thickness of the gauge. Tighten the locking screw and recheck the gap. Install the blower wheel and secure it. Before replacing the protective wire-netting and undershield, it is advisable to **re-time ignition spark.** To check the ignition timing connect a test lamp (12 volts) to the terminal 1 of the left-hand ignition coil (seen in driving direction) and to the ground. **Fig. 47**

Switch on ignition.
The test lamp should light up when by clockwise rotating on armature screw the colour-marked blade of the blower wheel lines up with the mark «SZ» on the blower housing. If the lamp lights up before or after this point, the ignition setting is too advanced or too retarded. To re-adjust the setting, remove the blower wheel and alter position of contact breaker plate as outlined below: Slacken the two locking screws **(a and b Fig. 48)** and advance or retard the setting by moving contact breaker plate contrary to or in the direction of engine rotation. Tighten the locking screws, refit the blower wheel and re-check the setting.

Moving the contact breaker plate contrary to the direction of engine rotation advances the ignition. Moving it in the direction of engine rotation retards the ignition.

Réglage de l'ouverture du rupteur. Déposer la protection inférieure et la grille de protection de la soufflerie. Dévisser les 3 vis de fixation du rotor de soufflerie et retirer ce dernier à la main. Si les contacts de rupteur sont sales ou oxydés, les nettoyer à la lime de contacts. Des contacts fortement oxydés sont à remplacer. Pour le réglage de l'ouverture, enlever les bougies et tourner à la main le moteur jusqu'à ce que le linguet du rupteur soit totalement soulevé. Dans cette position, contrôler l'ouverture à l'aide d'une jauge. **Fig. 45**

Si l'ouverture est trop grande ou trop petite, désserrer la vis de fixation **(a, Fig. 46)** du linguet et, en agissant sur la vis excentrique **(b, Fig. 46)**, régler l'ouverture à 0,4 mm. Après reblocage de la vis de fixation, contrôler à nouveau l'ouverture au moyen de la jauge. Remonter et refixer le rotor de la soufflerie: avant le remontage de la protection inférieure et de la grille, on peut procéder au **contrôle, éventuellement au réglage du point d'allumage.** Pour le contrôle, brancher une lampe 12 V entre la borne 1 de la bobine gauche d'allumage (vue dans le sens de la marche) et la masse. **Fig. 47**

Mettre le contact d'allumage. **La lampe de contrôle doit s'allumer** lorsqu'en tournant le rotor dans le sens des aiguilles d'une montre, par ses vis de fixation, son ailette marquée en rouge vient coïncider avec le repère SZ sur le carter de soufflerie. Si la lampe s'allume plus tôt ou plus tard c'est qu'il y a ou trop ou pas assez d'avance. La correction nécessaire s'obtient, après avoir déposé le rotor de soufflerie, en déplaçant dans le sens voulu la plaque portant le rupteur. A cet effet, débloquer les 2 vis de fixation **(a et b, Fig. 48)** et faire tourner la plaque portant le rupteur dans le sens de rotation du moteur, pour obtenir moins d'avance ou en sens inverse pour obtenir davantage d'avance. Pour contrôler le résultat obtenu, rebloquer les vis de fixation, replacer et refixer le rotor.

En faisant tourner la plaque de rupteur en sens inverse du sens de rotation on obtient plus d'avance, en la faisant tourner dans le sens de la rotation plus de retard.

Ajuste de los electrodos del interruptor.
Para ello desatornillar de la rueda de la turbina, el protector interior y la malla protectora, para luego retirar con la mano dicha rueda de la turbina después de haber aflojado sus tres tornillos de fijación. Limpiar o emparejar con una lima para platinos los contactos sucios o ligeramente flameados. En caso de estar bien flameados, sustituirlos por nuevos. Para comprobar la separación de los platinos hay que girar el motor sin bujías hasta que el brazo del interruptor esté completamente levantado. En esta posición comprobar la separación con un calibrador. **Ilustración 45.**

45

Si la separación es más grande o más chica de lo normal, corregirla aflojando para ello el tornillo de fijación **(a en Ilustración 46)** y mediante el tornillo excéntrico **(b en Ilustración 46)** ajustar la correcta separación a 0,4 mm. Apretar nuevamente el tornillo de fijación y efectuar una comprobación posterior. Colocar la rueda de la turbina y antes de montar la malla protectora y el protector interior puede llevarse a cabo **la comprobación o corrección de la puesta en punto del encendido.** Para lo cual se precisa una lámpara de control de 12 V que se intercalará entre la terminal 1 de la bobina izq. (vista en dirección de la marcha) y tierra. **Ilustración 47.**

46

Con la llave del encendido conectada **la lámpara de control deberá prender** en el momento que, después de haber girado la rueda de la turbina en el sentido de las manecillas del reloj, la aleta marcada con rojo coincida con la marca SZ de la cubierta. Si la lámpara llegara a prender antes o después, entonces la chispa estará adelantada o retrasada respectivamente y su corrección se llevará a cabo quitando la rueda de la turbina y moviendo la placa del interruptor. Para ésto último hay que aflojar los dos tornillos de fijación **(a y b en Ilustración 48)** y mediante el desplazamiento de la placa del interruptor, ya sea en o en contra del movimiento del motor, ajustar el encendido a la posición de retraso o adelanto.

47

Para su comprobación apretar los tornillos de fijación y apretar igualmente la rueda de la turbina. Corolario: Un desplazamiento de la placa del interruptor en contra del movimiento del motor significa una chispa adelantada y con el movimiento una chispa retrasada.

48

Checking and adjustment of the valve clearances must always be carried out with a cold engine, when the amount of clearance should be .15 mm. (.006″) for the inlet valves and .15 to .20 mm. (.006 to .008″) for the exhaust valves. Whenever you check or adjust the valves clearances, remember to remove the spark plugs. Then detach the cover plates from left and right cylinderhead covers. Detaching the holding nuts and clamps allows the rocker covers to be removed. Put a tin box under each cylinderhead to collect the small quantities of oil which might drop down. Rotate the engine until the piston of the cylinder to be adjusted is at top dead center on the compression stroke, when the two valves are closed. With the blower wheel grid removed, you can ascertain that the colour-marked blade of the blower wheel now lines exactly up with the dash of the mark "OT" on the blower housing.

Loosen the locknut of the adjusting screw on the rocker arm **(Fig. 49)**, and turn the adjusting screw as required until the correct amount of play is felt with the feeler gauge inserted between rocker arm and valve stem end; the gauge should be a sliding fit in this space. **Fig. 50**

It is advisable to re-check the clearance after tightening the locknut. If this checks out OK, turn engine on armature screw 360° clockwise to adjust the valves of the opposite cylinder in quite the same manner.

When replacing rocker covers, examine the gaskets and sealing surfaces to make sure that they are in order. **Fig. 51**

It is extremely important that the locating pins of the cylinderheads engage exactly in the corresponding drilled holes provided in the rocker covers, otherwise there may be continuous oil leakage at this point. **Fig. 52**

Le réglage des jeux de soupapes s'opère moteur froid. Pour l'admission, le jeu prévu est de 0,15 mm, pour l'échappement de 0,15 à 0,20 mm. Pour le contrôle ou le réglage, enlever les bougies. Enlever les tôles se trouvant au-dessus des couvercles de culbuteurs, à droite et à gauche. Après avoir dévissé l'écrou de fixation et retiré le pont de serrage, enlever les couvercles de culbuteurs. Disposer un récipient pour recevoir la petite quantité d'huile qui s'écoule. Le piston du cylindre à régler sera placé au point-mort haut de compression, puisqu' alors les deux soupapes sont fermées. Si la protection de la soufflerie est déposée, on constatera que dans cette position l'ailette marquée en rouge, du rotor, coïncide avec le repère OT.

Débloquer le contre-écrou de la vis de réglage, sur le culbuteur de chaque soupape **(Fig. 49)** et agir sur les vis de telle sorte que la jauge d'épaisseur voulue coulisse gras entre la soupape et le culbuteur. **Fig. 50**

Un contrôle, après reblocage des contre-écrous, est recommandé. Le réglage des culbuteurs de l'autre cylindre s'opère exactement de même manière, après avoir fait tourner le vilebrequin, par les fixations du rotor, de 360°, dans le sens des aiguilles d'une montre.

Au remontage des couvercles de culbuteurs, il faut veiller au bon état des surfaces jointives et des joints. **Fig. 51**

Il est particulièrement important de s'assurer que les trous de repérage des couvercles et les ergots de repérage des culasses s'emboîtent bien, sinon il se produirait une forte perte d'huile. **Fig. 52**

El ajuste de las válvulas se llevará a cabo únicamente con el motor frío. Para la válvula de admisión se tiene un juego de 0,15 mm y para la de escape 0,15 a 0.20 mm. Para tener acceso y efectuar su comprobación y ajuste se sacarán primeramente las bujías, se retirarán las cubiertas de lámina colocadas sobre las tapas de las culatas de los cilindros a der. e izq. y se aflojarán las tuercas de fijación que sujetan los puentes de dichas tapas. Recoger con una bandeja colocada abajo del cilindro el insignificante aceite que pudiera escurrir. Para ajustar las válvulas, poner el pistón en turno en su punto muerto superior de compresión con lo cual ambas válvulas estarán cerradas. En esta posición y con la malla protectora quitada, la aleta roja de la rueda de la turbina deberá coincidir exactamente con la marca OT.

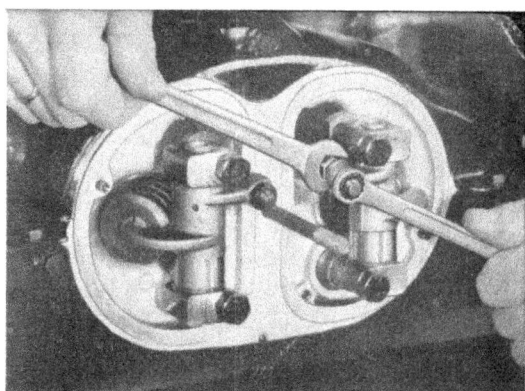

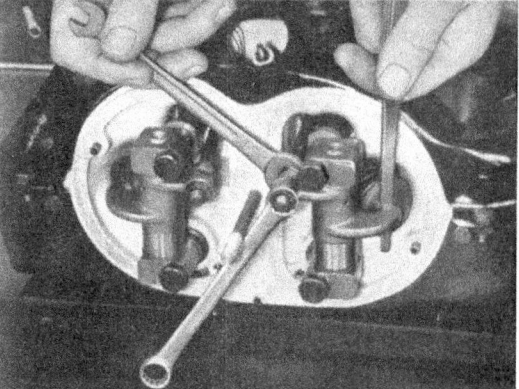

A continuación se aflojará la contratuerca del tornillo de ajuste del balancín (**Ilustración 49**) y mediante una rotación de dicho tornillo de ajuste se calibrará la separación al punto de que el calibrador se pueda deslizar suavemente. **Ilustración 50.**

Una comprobación posterior es de recomendarse después de haber apretado las contratuercas. Para ajustar el cilindro opuesto se seguirá el mismo procedimiento, girando para ello el cigüeñal a 360° a través del tornillo del inducido.

Antes de montar las tapas, comprobar las condiciones de las juntas y las superficies de las culatas. **Ilustración 51.**

Es de suma importancia que los pequeños pernos de la culata del cilindro coincidan con los agujeros correspondientes de las tapas para evitar posibles fugas de aceite. **Ilustración 52.**

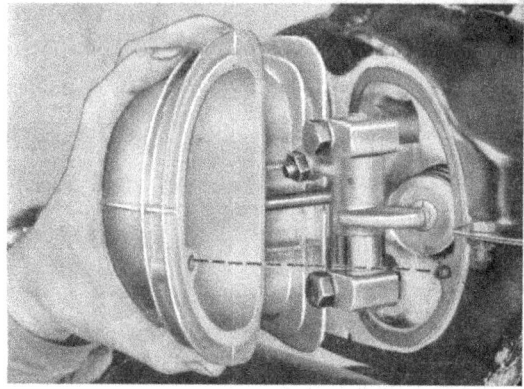

Cleaning the carburetor. The arrangement of jets and the carburetor adjustment has been carried out at the factory through tests in order to obtain a maximum of economy and the best performance, as well. Therefore it is useless to alter this adjustment by fitting jets of different size. Never clean jets with a wire or other mechanical means because the orifices may be become enlarged, making the mixture too rich for proper performance. The jets are best cleaned with compressed air. To thoroughly clean the carburetor, it is necessary to remove it. The main jet may be cleaned without removing the carburetor: Close the fuel tap and unscrew the main jet carrier, which is to be found at the base of the float bowl. **Fig. 53.**

This removal causes some fuel to drain out. The main jet may then be removed from the carrier. Loosening the upper lock screw by means of an angular screw-driver allows the idle jet tube to be removed by carefully lifting it with a sharpened wooden stick. **Fig. 54**

Slow-running adjustment. The idling speed position must be re-adjusted from time to time. This can only be done after engine has attained operating temperature. The idle mixture control screw is best left with its original adjustment set at the factory. (Original adjustment: Turn control screw in until it seats lightly, and back off approximately 1 turn). Rotate throttle stop screw in or out until idling speed of approximately 600 rpm is attained (the red generator indicator light still glows brightly). **Fig. 55.**

Gradually turn in the idle mixture control screw until the position is found where the engine just tends to stall, then back it off until gentle slow running is attained. **Fig. 56**

If the slow running now results to be faster than 600 rpm, adjust it to this speed by means of the throttle stop screw.

Nettoyage du carburateur. La combinaison des gicleurs et le réglage de l'ensemble du carburateur sont établis par l'usine pour le meilleur rendement, avec une consommation favorable, en employant une benzine de marque. Une modification du réglage, par l'emploi de gicleurs d'autres dimensions, n'a donc pas de sens. Ne pas nettoyer les gicleurs à l'aide d'aiguilles ou de fils mètalliques, pour ne pas risquer de modifier leur diamètre de passage. Le mieux est de les nettoyer à l'air comprimé. Pour nettoyer à fond le carburateur, il est nécessaire de le déposer. Le gicleur principal peut être nettoyé sans déposer le carburateur: Le robinet d'essence étant fermé, dévisser le porte-gicleur principal, qui se trouve à la partie la plus basse de la chambre de flotteur. **Fig. 53**

Ce faisant, on laisse s'écouler un peu d'essence. Pour bien nettoyer le gicleur principal, le dévisser du porte-gicleur. Le gicleur de ralenti peut être extrait à l'aide d'un bout de bois pointu, après avoir enlevé la vis de serrage supérieure. **Fig. 54**

Le réglage du ralenti doit être repris de temps en temps et s'opère lorsque le moteur est à sa température de fonctionnement. La vis de réglage de mélange de ralenti doit, autant que possible, demeurer dans sa position originale. (Réglage original: Vis vissée à fond, sans effort, et desserrée ensuite environ de 1 tour à gauche). Régler le ralenti au moyen de la vis de butée du papillon, aux environs de 600 t/min. (la lampe de contrôle de charge, rouge, est encore totalement allumée). **Fig. 55**

Tourner très progressivement la vis de réglage de mélange de ralenti vers la droite, jusqu'à ce que le moteur ralentisse sensiblement et tourne irrégulièrement. Depuis cette position, tourner la vis à gauche jusqu'à ce que le moteur tourne rond. **Fig. 56**

Si le ralenti s'est accéléré, comparativement au premier réglage ci-dessus, reprendre le réglage de la vis de butée du papillon.

La limpieza del carburador. La selección de las espreas y el ajuste del carburador han sido estudiados ya desde la fábrica para que desarrollen el máximo de rendimiento y el mínimo de consumo de gasolina normal, por lo tanto no tiene objeto hacerle modificaciones posteriores cambiándole el tamaño de las espreas. Al limpiarlas se recomienda no emplear alambres o alfileres que las dañen y alteren con ello el flujo de la gasolina. La limpieza general del carburador se lleva a cabo desmontándolo de su soporte, mientras que una limpieza parcial de la esprea principal se puede hacer allí mismo. Para lo cual hay que retirar, con la llave de la gasolina cerrada, el portaesprea que se encuentra en la parte más profunda de la cámara del flotador. **Ilustración 53.** Con este procedimiento escurrirá un poco de gasolina, pero una vez afuera el portaesprea se podrá retirar dicha esprea de su portador. Para levantar el conducto de la esprea del aire se empleará un bastoncito puntiagudo. Esta operación se llevará a cabo con cuidado, después de haber aflojado el tornillo de sujeción superior mediante un desatornillador angular. **Ilustración 54.**

53

54

El ajuste de la marcha en vacío deberá efectuarse de vez en cuando con el motor caliente. Dentro de lo posible volver a dejar el tornillo de regulación de la mezcla de vacío en la posición original de fábrica. (Es decir introducir sin fuerza dicho tornillo de regulación de la mezcla de vacío a fondo y sacarlo una vuelta aprox. hacia la izq.). Después ajustar la marcha de vacío por medio del tornillo tope que gobierna la mariposa de entrada del combustible del carburador (600 r.p.m. aprox. y la luz roja de control prendida) **Ilustración 55** y en esta posición introducir paulatinamente el tornillo de regulación de la mezcla de vacío hasta que la marcha se vuelva lenta al grado de que el motor empiece a cabecear. En este punto regresar dicho tornillo de manera que el motor trabaje uniformemente. **Ilustración 56.**

55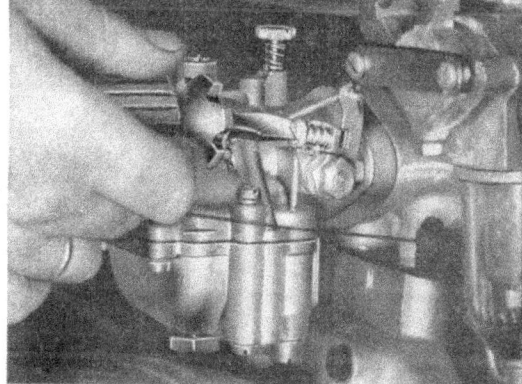

En caso de haberse acelerado la marcha de vacío con respecto al ajuste anterior ésta se reducirá por medio del tornillo tope de la mariposa del carburador.

56

Clutch pedal adjustment. The free movement at the clutch pedal pad should be about 15–20 mm. (.6–.8″). The readjustment takes place on clutch cable connector lever. Detach undershield for pedal linkage and turn adjusting nut until the specified free play is obtained. **Fig. 57**

Hydraulic brake. The fluid reservoir for the hydraulic brake system is located under the driver's seat. When removing the filler plug and topping up the brake fluid take care to avoid getting dirt into the fluid reservoir. This reservoir should be kept at least ³/₄ full at all times. Be careful not to spill any fluid as this will harm the finish.

Adjustment of brakes. Excessive free movement of the brake pedal indicates that the brakes have to be adjusted. The brake support plate carries, beneath the wheel bearing, an adjustment screw which is secured with a nut. Loosen this lock nut and rotate the adjusting screw in a clockwise direction; this moves the brake shoes against the drum. To obtain the proper adjustment, raise the car and turn the adjuster screw as prescribed ahead until shoes begin to drag when wheel is turned by hand. Now back off adjusting screw until wheel just runs free, and retighten lock nut in this position. **Fig. 58**

When adjusting the rear brakes, the hand brake must be completely released. Too much free travel and an extremely "spongy" operation of the brake pedal is an indication that air has got into the hydraulic system; then the fluid line must be bled. This should be carried out by a BMW Service Station.

Caution! With the exception of the minor adjustments the whole servicing of the brakes should be entrusted to an Authorised BMW Service Station. **Fig. 59** shows the brake with the brake drum removed.

Hand brake adjustment. The foot brake should always be adjusted properly before adjusting hand brakes. To adjust the latter ones proceed as follows: With hand brake lever in fully released position, loosen turnbuckle lock nut at equalizer and turn the nut several turns rearwards. Raise locking plate of retaining pin and withdraw the latter. **Fig. 60.** Turn threaded square piece until shoes begin to drag when the hand brake lever is pulled up to the third notch approximately. Reengage lock plate and pin and, before tightening the lock nut, place equalizer into a slightly inclined position so as to avoid brake cable rubbing on the shifting rod.

Réglage du jeu de l'embrayage. Le jeu à la pédale de débrayage est normalement d'environ 15–20 mm. Le réglage s'opère au levier de renvoi de la commande, après avoir enlevé la protection inférieure des commandes au pied. Régler l'écrou moleté jusqu'à ce que le jeu nécessaire soit obtenu. **Fig. 57**

Freins hydrauliques. Le réservoir du liquide de frein est situé sous le siège du conducteur. Après avoir dévissé le bouchon, compléter le remplissage en veillant qu'il ne pénètre pas de saletés dans le réservoir. Ce dernier doit être, au minimum, rempli aux ³/₄. Se souvenir, en employant le liquide pour freins, qu'il attaque la peinture.

Réglage des freins. Si la pédale de frein a trop de course morte avant que les freins agissent, il faut régler les mâchoires de freins. Sous le roulement de roue, sur la joue de frein, se trouve une vis de réglage, assurée par un contre-écrou. Après déblocage du contre-écrou, tourner la vis dans le sens des aiguilles d'une montre, ce qui écarte les mâchoires et les rapproche du tambour de frein. Pendant le réglage, on fait tourner sans cesse la roue, préalablement soulevée. Lorsque les mâchoires commencent à toucher, on tourne en arrière la vis, jusqu'à ce que la roue tourne librement. Dans cette position, on bloque le contre-écrou. **Fig. 58**

En réglant les freins arrières, le frein à main doit être complètement desserré. Si la pédale de frein va trop à fond et donne l'impression d'un ressort, c'est que de l'air s'est introduit dans le système de commande. Il faut alors s'adresser à un spécialiste BMW pour faire purger les canalisations.

Attention! Exception faite de petits réglages, tous les travaux sur les freins doivent être confiés à un spécialiste BMW. La **Fig. 59** montre le frein ouvert.

Réglage du frein à main. Ne régler le frein à main que lorsque le frein à pied est convenablement réglé. Pour régler, le frein étant desserré, débloquer le contre-écrou à la cosse du câble et visser de quelques tours vers l'arrière. Soulever l'arrêt du tourillon et retirer ce dernier. **Fig. 60.** Tourner la pièce filetée carrée jusqu'à ce que le levier de frein commence à agir lorsqu'il est à proximité de sa 3e. dent d'encliquetage, depuis le bas. Réengager la sécurité et, avant reblocage du contre-écrou, disposer la cosse du câble un peu obliquement, afin que la commande de frein ne frotte pas sur la tringle de changement de vitesse.

Ajuste del embrague. El recorrido del pedal de embrague es de 15 a 20 mm y para efectuar su ajuste hay que quitar la protección inferior que cubre las varillas de mando de los pedales. Luego corregir el recorrido por medio de la tuerca alojada entre la palanca misma y el cable Bowden. **Ilustracion 57.**

Frenos hidráulicos. El depósito para el líquido de frenos se encuentra debajo del asiento. Al desatornillar su tapa y efectuar el llenado cuídese de que no penetre mugre al interior. Al mismo tiempo no derramar el líquido sobre la pintura a la cual deteriora. Dicho depósito deberá tener tres cuartas partes de su capacidad como mínimo.

Ajuste de los frenos. Si el juego del pedal resultase excesivo, antes de que los frenos aprieten, entonces ajustar las zapatas. Para ello se encuentra en el disco portafreno el tornillo de ajuste, el cual habrá de hacerse girar hacia la derecha, después de haber aflojado su contratuerca, para separar las zapatas y por consiguiente acercarlas al tambor. El ajuste se realizará sin dejar de hacer girar la rueda con el objeto de notar cuando los forros empiecen a rozar ligeramente. En esta posición retroceder el tornillo de ajuste nadamás lo suficiente para que la rueda gire libremente. Apretar luego la contratuerca. **Ilustración 58.**

Para ajustar las ruedas traseras, el freno de mano deberá estar completamente flojo. Si bajo estas condiciones el pedal de freno se dejase introducir suavemente a fondo, quiere decir que la instalación hidráulica contiene aire, el cual deberá ser extraído únicamente en un taller especializado BMW.

Atención! Salvo pequeños ajustes, los demás trabajos de inspección y ajuste de los frenos deberán de ser reservados igualmente a un taller BMW.

En la **Fig. 59** se muestra abierto el freno.

Ajuste del freno de mano. Después de haber efectuado el ajuste reglamentario del freno de pié, abordar la afinación del freno de mano. Para ello aflojar unas cuantas vueltas la contratuerca del tensor que tiene la palanca de mano en reposo y sacar el perno pasador que está fijo por la chapa de seguridad. **Ilustración 60.** Luego girar la pieza cuadrada de tal manera que la palanca del freno de mano empiece a tensar a partir del tercer diente visto de abajo hacia arriba. Colocar después el perno y encima la chapa de seguridad. Antes de apretar la contratuerca voltear el tensor de tal manera que el cable no roce contra la varilla del cambio de velocidades.

Exchanging fuses. To replace a defective fuse is not difficult. But when a fuse has blown repeatedly, it is advisable to have the circuit checked by an expert. Never attempt to replace a defective fuse by a wire or tinfoil as such provisory bridges are liable to badly damage the electrical system.

The fuse box is located under the frontdoor trim panel at left of the spare wheel. The fuses become accessible on removing the cover. The various fuses, which are all of a capacity of 8 amps, protect the following circuits:

Fuse 1 protects: Flasher and high beam of one headlamp.
Fuse 2 protects: Flasher and high beam of the other headlamp and high beam indicator light.
Fuse 3 protects: Low beam of both headlamps.
Fuse 4 protects: Tail light right, rear number plate and speedometer dial lights.
Fuse 5 protects: Tail light left and parking lights.
Fuse 6 protects: Turn signal flasher, horn, stop light and windshield wiper.

Fig. 61

Replacing bulb in headlight. Only loosen the two vertically aligned slotted screws at bottom and top of headlight rim **(a and b Fig. 62)**. **(On no account** touch the two setting screws s and h which are for focus adjustment).

Draw out the lens and reflector unit.

Pull off the connector plug with the four cables. To remove bulb holder of the bayonet fitting type, push it in against the spring tension and rotate anti-clockwise until it can be disengaged, and leave it suspended on the cables **a Fig. 63.**

Remove Bilux lamp (disc socle type) 12 V 45/40 W. **b Fig. 63.**

Then you may also remove the bulb for the parking light 12 V 2 W. **c Fig. 63.**

Past having cleaned the bulbs before installing, make sure not to touch the reflector as this will cause blemishes on the silvery surface. Fit the replacement Bilux bulb in the reflector, with the projection on its disc in engagement with the slot in the reflector.

Replacing bulb of turn signal light in front bumper.

Take off the two retaining screws, remove plexiglas lens and exchange the spherical bulb 12 V 15 W. **Fig. 64**

Remplacement de fusibles. Le remplacement de fusibles brûlés ne présente aucune difficulté. Si un fusible remplacé brûle une seconde fois, il faut faire examiner par un spécialiste le circuit en cause. Ne jamais remplacer un fusible par un fil métallique ou du papier d'étain, une semblable opération pouvant être la cause de dégâts importants de l'équipement électrique.

Le coffret des fusibles se trouve sous la garniture de porte avant, à gauche, près de la roue de réserve. Chaque circuit comporte une sécurité de 8 Amp. Les fusibles sont accessibles après avoir retiré le couvercle fixé par un écrou. Voici la fonction des différents fusibles:

Fusible 1 assure le signal optique et le grand feu d'un phare
Fusible 2 assure le grand phare et le signal optique de l'autre phare et le témoin de projecteurs
Fusible 3 assure les feux code des deux phares
Fusible 4 assure le feu arrière droit, l'éclairage de plaque AR et du compteur.
Fusible 5 assure le feu arrière gauche et les feux de police.
Fusible 6 assure le clignoteur, le claxon, le feu stop et les assuie-glace.

Fig. 61

Remplacement d'une lampe de phare. Dévisser seulement les deux vis tête fendue **(a et b, Fig. 62)** disposées dans la lunette, l'une au-dessus de l'autre. (Ne **jamais** toucher aux vis de réglage des phares s et h.) Retirer l'ensemble optique.

Sortir la douille avec les quatre cables qui y sont liés. Libérer le porteampoule à baïonnette et ressort **(a, Fig. 63)** par une légère pression et une petite rotation vers la gauche et le laisser pendre aux câbles.

Sortir la lampe Bilux avec son socle 12 V 45/40 W **(b, Fig. 63)**.

La lampe 12 V. 2 W pour feu de police peut alors être également enlevée **(c, Fig. 63)**.

Ne jamais taucher le réflecteur de la parabole avec les doigts. Nettoyer avant montage les lampes et ne plus toucher ensuite leur partie en verre. Veiller au remontage que le nez du socle de la lampe Bilux s'accroche à l'encoche du réflecteur.

Remplacement des lampes des feux clignotants du pare-choc avant. Dévisser les deux vis de fixation, retirer la calotte plexiglas et remplacer la lampe 12 V. 15 W. **Fig. 64**

Cambiar los fusibles. La sustitución de un fusible fundido no supone dificultad alguna, pero en caso de que en uno de ellos persista la falla, entonces deberá revisar la instalación un electricista. Se aconseja no reparar los fusibles con alambre o estaño porque éstos pueden ser la causa de mayores daños en el sistema eléctrico.

La caja de los fusibles se encuentra colocada abajo a la izq. de la vestidura de la puerta frontal junto a la rueda de reserva. Cada circuito está protegido con un fusible de 8 amp. y su accesibilidad se logra una vez desatornillada la tapa de la caja. La función de los fusibles es la siguiente:

Fusible 1, luz de carretera y ráfaga de luz en un faro.
Fusible 2, luz de carretera y ráfaga de luz en el faro adjunto e indicador luces carretera.
Fusible 3, luz de cruce de ambos faros.
Fusible 4, luz piloto derecha e iluminaciones del portamatrícula y velocímetro.
Fusible 5, luz piloto izq. y luz de estacionamiento.
Fusible 6, luz intermitente, claxon, luz de «pare» y luz del limpiaparabrisas.

Ilustración 61.

La sustitución de las bombillas (focos) de los faros se lleva a cabo quitando los tornillos colocados verticalmente sobre el aro cromado **(a y b en Ilustración 62)** y retirando el reflector completo. (Los tornillos s y h son únicamente para el ajuste del faro, **se recomienda no tocarlos).**

Sacar la clavija de presión junto con los cuatro cables conectados.

Luego retirar con pequeño empuje y ligera rotación hacia la izq. el portalámpara que está provisto de bayoneta y resorte **(a en Ilustración 63).** Dejar el portalámpara colgado de los cables.

Ya con ello se pueden desprender el socket junto con la bombilla de 12 V 45/40 W, **b en Ilustración 63** y la bombilla de estacionamiento de 12 V 2 W del reflector, **c en Ilustración 63.**

Procurar no tocar el reflector con los dedos y al colocar las bombillas en su lugar limpiarlas antes perfectamente y no manchar después el cristal con la mano. El socket de la bombilla deberá embonar en la hendidura correspondiente del reflector.

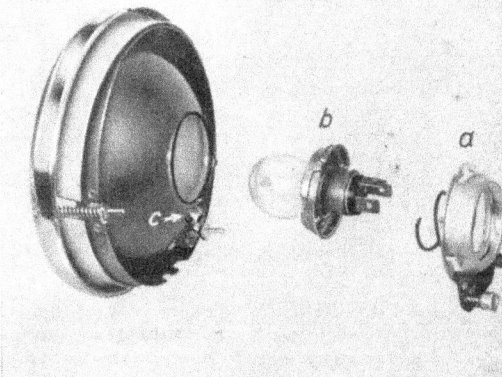

Para cambiar la bombilla intermitente en la defensa delantera hay que quitar los dos tornillos de fijación y retirar el vidrio de plástico. Bombilla de 12 V 15 W.

Ilustración 64.

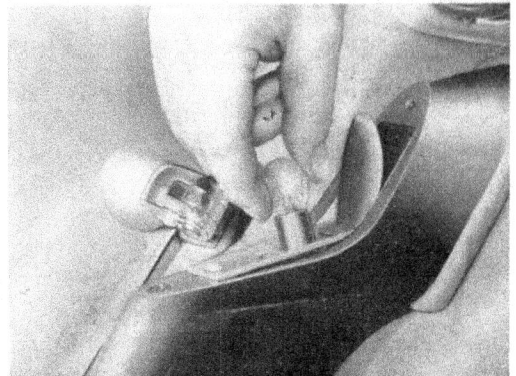

51

Replacing bulbs in tail, stop and turn signal light.

Remove the two slotted screws at left and right and pull out the complete lamp unit together with the wiring. Remove the two-tone coloured fluted glass from the dust-excluding rubber. Pull bulb holder out of rubber housing. Remove the spherical bulb on top 12 V 5 W (tail light) and the spherical bulb on bottom 12 V 15 W (combined turn signal and stop light) from their sockets for replacement. **Fig. 65**

To refit the light, push the bulb holder right home in the corresponding guide of housing and replace the two-tone coloured glass in a way that the free end of the bulb holder engages with the juncture in the middle of glass so as to warrant a correct separation of the lights, and ensure that the sealing lip of the dust-excluding rubber properly surrounds the glass. Install lamp assembly in recess of body and fasten the unit.

Replacing bulb in license plate light.

Remove the two outer retaining screws by means of a screw-driver and take out the base plate with the dust-excluding rubber. Remove spherical bulb 12 V 10 W from the socket. **Fig. 66**

Replacing bulb in interior light.

Grasp lamp body on the fluted glass and lift it out of the spring-loaded holder. Exchange strip bulb 12 V 5 W and press the unit inwards until it is right home. **Fig. 67**

Replacing indicator lights in speedometer housing.

Indicator lights for generator (red light), high beam (blue light), turn signals (green light) and the two light bulbs for the speedometer dial (white light) are situated in the speedometer body, and may with some skill be replaced without removing the speedometer. The uncoloured bulbs 12 V 2 W can easily be replaced by simply pulling sockets out of their holders. To remove the speedometer, unscrew union nut securing flexible drive to speedometer and pull out the shaft. Take off the two knurled nuts retaining speedometer body, remove the holding bracket and withdraw the unit forwards. **Fig. 68**

Remplacement des lampes des feux clignotants arrières et feux arrières et stop.

Dévisser les vis de droite et de gauche et sortir le dispositif complet, avec ses connections. Dégager le verre bicolore de son cadre caoutchouc. Sortir le porte-lampes du boîtier caoutchouc. Pour le remplacement, dégager de leur douille la lampe du haut 12 V 5 W (feu arrière) et la lampe du bas 12 V 15 W (clignotant et stop). **Fig. 65**

Réintroduire à fond dans son logement du boîtier le porte-lampes et remonter le verre bicolore en veillant à ce que la partie libre du porte-lampes vienne dans la rainure médiane du verre, pour assurer un montage sans tension et en s'assurant que la lèvre caoutchouc du boîtier entoure bien le verre. Replacer le dispositif complet dans son logement de la carrosserie et le refixer.

Remplacement de la lampe d'éclairage de plaque.

Dévisser les deux vis extérieures de fixation et enlever la plaque de base avec son cadre caoutchouc. Sortir de sa douille la lampe 12 V 10 W. **Fig. 66**

Remplacement de la lampe intérieure.

Saisir l'ensemble de la lampe intérieure par la calotte de verre et le dégager de ses supports à ressort. Remplacer la lampe soffitte 12 V 5 W et replacer de nouveau l'ensemble. **Fig. 67**

Remplacement des lampes de contrôle dans le boîtier du compteur.

Avec un peu d'adresse on peut sortir les dispositifs de contrôle pour la dynamo (rouge), pour les projecteurs (bleu), pour les clignotants (vert), et les deux lampes d'éclairage du compteur (incolores), sans déposer le compteur. Les lampes sont incolores, 12 V 2 W et peuvent facilement être remplacées après avoir sorti leur porte-lampe de son logement. Pour déposer le compteur, dévisser le raccord du câble et dégager ce dernier. Puis dévisser les deux écrous moletés de fixation du compteur, enlever l'étrier et sortir l'appareil par l'avant. **Fig. 68**

Cambiar las bombillas del intermitente, de la luz piloto y de «pare«. Para ello desatornillar los tornillos a der. e izq. de la unidad y sacar ésta última junto con el manojo de cables. Luego retirar del marco de hule el cristal rayado bicolor y lo mismo que el portalámpara de su base ahulada. Asir y sacar entonces la bombilla superior de 12 V 5 W (luz piloto) y la bombilla inferior de 12 V 15 W (luces del intermitente y de «pare«). **Ilustración 65.**

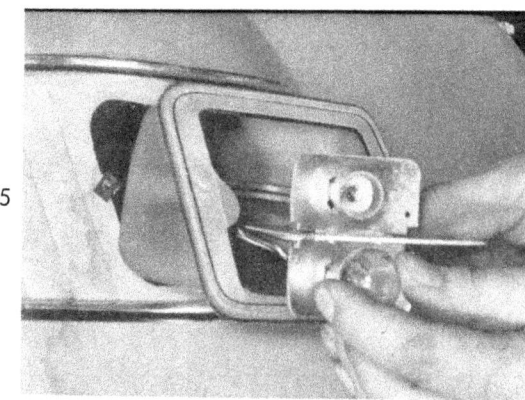

Introducir nuevamente a fondo el portalámpara en su correspondiente guía de la unidad y al colocarle el vidrio bicolor, tener cuidado que el lado libre del portalámpara coincida con la hendidura media del cristal para garantizar con ello una separación perfecta de las luces y al mismo tiempo poder rodear el cristal con el hule. Luego meter y afianzar la unidad completa en su lugar.

Cambiar la bombilla de la matrícula. Retirar los dos tornillos de sujeción externos, sacar la base laminada junto con el marco de hule y quitar la bombilla de 12 V 10 W. **Ilustración 66.**

Para cambiar la luz interior hay que agarrar la unidad por el cristal rayado y retirarla de su sostén elástico. Cambiar la bombilla tubular de 12 V 5 W y volver a montar a presión dicha unidad en su lugar. **Ilustración 67.**

Cambiar las bombillas de control en la caja del velocímetro. En este caso las luces de control de la dínamo (roja), la luz de carretera (azul), la luz del intermitente (verde) y las dos luces del velocímetro (blancas) se pueden cambiar con cierta habilidad sin desmontar el velocímetro. Las bombillas incoloras de 12 V 2 W cada una son fácilmente reemplazables al sacar el enchufe correspondiente. Para cambiar el velocímetro hay que desatornillar la tuerca del eje flexible y sacar éste último, luego desarmar dos tuercas moleteadas que sujetan al velocímetro, retirar su abrazadera y sacar el conjunto hacia afuera. **Ilustración 68.**

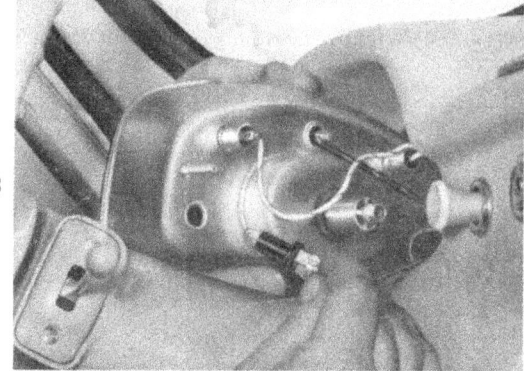

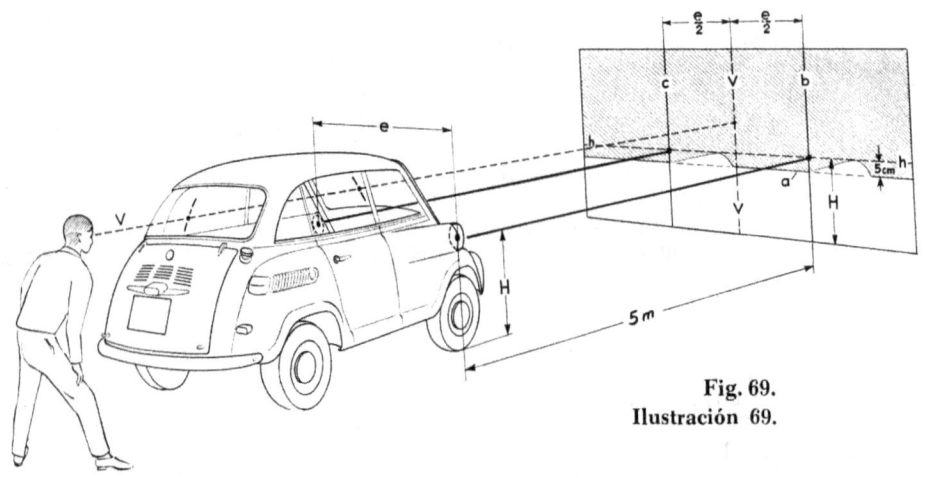

Fig. 69.
Ilustración 69.

Aiming the headlights (Asymmetric traffic (low) beam).

The headlamp adjustment for the country (high) beam and particularly for the asymmetric traffic (low) beam is of utmost importance and must therefore be carried out with a maximum of accuracy (by an authorised BMW Service Station).

Place the car on a level position with a light-coloured wall 5 m. (16 feet) ahead. Next mark a point on this wall serving as aiming screen where longitudinal axis of car strikes wall. Through this point draw the vertical center line V-V **(Fig. 69)**.

Now load the car with three people. (The front seat to be occupied by one person in center position). Then ascertain height of headlight centers measured from the floor. At this height draw, on the screen, the horizontal line h-h, and 5 cm. (2″) below it the parallel line a. Transfer distance of headlights symmetrically to the line V-V to the aiming screen and draw lines c and b.

Adjustment should be made with t r a f f i c (l o w) b e a m turned "on".

Cover one lamp and then adjust beam from other lamp first to the proper height **(screw h Fig. 62 page 51)**, so that the horizontal border line between dark and light zones at the left corresponds with the line a. Then adjust the beam sideways **(screw s Fig. 62 page 51)**, so that the junction of the horizontal portion and the inclined portion (15°) of the border line between dark and light zones coincides with the vertical line b and c, respectively. Repeat operation on other side of car, proceeding in exactly the same manner. The two headlights are correctly adjusted herewith and need no further adjustment for the country (high) beam. It may happen that owing to bulb manufacturing tolerances the country (high) beam is slightly deviated and does not strike the wall on the marked point. These insignificant deviations will not affect headlight setting and road illumination.

Réglage des phares (codes asymétriques)

Le réglage des phares, particulièrement avec codes asymétriques est d'une grande importance et doit être effectué avec tous les soins nécessaires (exclusivement dans un atelier).

Le véhicule sera disposé sur une surface plane, à 5 m. de distance d'une paroi de couleur claire. Sur cette paroi, qui servira d'écran de réglage, on marquera un point à l'endroit où aboutit l'axe longitudinal du véhicule. Par ce point, on tracera la ligne verticale médiane V-V **(Fig. 69)**.

Le véhicule sera alors chargé de 3 personnes (à l'avant, une personne au milieu du siège). On mesurera ainsi la distance entre le sol et le milieu du phare, c. à d. la hauteur du phare. Cette hauteur sera reportée sur l'écran et déterminera la ligne horizontale h-h, que l'on tracera. Puis on tracera sur l'écran une ligne parallèle à h-h, 5 cm. en-dessous (ligne a). Ceci fait, on reportera l'écartement des phares symétriquement de part et d'autre de la verticale V-V, sur l'écran, ce qui donnera les verticales c et b.

Le réglage des phares s'opère seulement avec les feux code

Un des phares sera recouvert. Le phare à régler sera d'abord réglé à la bonne hauteur **(vis h, Fig. 62, page 51)** c. à d. que la limite horizontale entre l'ombre et la lumière, du côté gauche, correspondra à la ligne a. Puis on réglera latéralement **(vis s, Fig. 62, page 51)** de telle manière que la jonction entre la partie horizontale et la partie inclinée de la limite entre l'ombre et la lumière coïncide avec la ligne verticale b et respectivement c. Ainsi, les deux phares sont correctement réglés. Les grands feux peuvent accuser une légère déviation par suite de petites différences de fabrication de la lampe, selon tolérances. La valeur de l'éclairage et son orientation n'en sont cependant pas affectées.

~~~~~~

Ajuste de los faros (luz de cruce asimétrica).

El ajuste de los faros para la luz de carretera y especialmente para la luz de cruce asimétrica es de mucha importancia por lo que se recomienda sea llevado a cabo con el cuidado que amerita el caso. (Confíe este trabajo únicamente a un taller de reparación).

Para ello sitúe el vehículo sobre terreno llano a 5 m de distancia de una pared de color claro para que funja al mismo tiempo como pantalla de ajuste y marque en ella el punto correspondiente al eje longitudinal del vehículo. A través de este punto trace el eje vertical medio V-V **(Ilustración 69)**.

Cargue ahora el vehículo con tres personas (una de ellas en la parte media del asiento delantero) y determine la altura al centro de los faros. Esta misma será trasladada a la pantalla y trazada con ella la línea horizontal h-h. Paralelamente a sí misma y para fines del ajuste se trazará otra línea inferior a 5 cm de distancia. Por último las dos líneas equidistantes verticales c y b representarán la distancia del centro de cada faro al eje V-V.

El ajuste de los faros deberá llevarse a cabo únicamente con la luz de cruce. Primeramente tapar un faro y ajustar el otro a la altura correcta (tornillo **h, Ilustración 62, pág. 51**). Esto quiere decir que la línea divisoria horizontal del haz luminoso deberá coincidir con el eje a. Luego procurar que el lado izquierdo del desarrollo de la curva del mismo haz luminoso ($15°$ con respecto al eje horizontal) se encuentre sobre las líneas b y c (ajustable en el tornillo **s, Ilustración 62, pág. 51**). Procédase de la misma manera con el faro adjunto. Con ello quedarán ajustados correctamente los dos faros. Sin embargo la proyección de la luz de carretera sobre la marca en la pantalla nunca suele ser exacta debido a la tolerancia de fabricación de las bombillas. Pero no por eso quedará influenciada su luminosidad ni su proyección sobre la carretera.

Care of bodywork

The true enthusiast mostly wants to take care of his vehicle himself, however, the simplest jobs require some knowledge in order to be done correctly.

The high-quality synthetic resin finish is exposed to the elements: It has to resist dazzling sunshine, rain, dust and dirt often containing chemical ingredients. That is why a periodic care of the body is necessary to retard any desintegrating process. Never wash or polish the car in the direct rays of sun. Wash your new car frequently during the first weeks, using plenty of cold water. Chassis and lower part of body should first be flushed with water from a low pressure open end hose, to soak off the dirt, and afterwards a brush should be used.

Using a fine spary jet of clean water to soften and remove any dust and dirt on the body. Never use a strong water jet on the body. Then wash the body from top to bottom with plenty of clean water and a soft sponge. **Fig. 70.**

Care should be taken to clean the sponge at short intervals so as to avoid scratches on polished parts. It is advisable to rinse the body again and to remove any surplus water with a squeezed sponge. Thereafter use a clean and soft chamois leather to dry the body so that no water marks remain. **Fig. 71.**

Only when cleaning with water does not give the desired results should lukewarm water be used or otherwise a solution be made up containing 1 – 2 per cent of soap. If necessary a branded car shampoo may be used. **Fig. 72.**

In no case should the mixture of shampoo employed be stronger than recommended by the manufacturer as otherwise the finish will become brittle.

After a soap-or shampoo-solution has been employed, the bodywork must be rinsed very thoroughly with plenty of cold and clean water.

Entretien de la carrosserie

Une carrosserie bien entretenue montre l'intérêt que l'on porte à son véhicule et le soin que l'on en a. Pour ces travaux d'entretien relativement simples, quelques connaissances sont cependant nécessaires.

La peinture synthétique séchée au four qui recouvre la carrosserie est soumise à de dures sollicitations. Le soleil, le froid, la pluie, le sable, la poussière, cette dernière souvent mêlée d'agents chimiques, y exercent leur effet. Il est donc bien compréhensible que les soins exposés ici soient nécessaires à prolonger la durée de la peinture.

Eviter de laisser la voiture en plein soleil. Les surfaces peintes doivent être souvent lavées, particulièrement durant les premières semaines, avec de l'eau froide en abondance. Débarrasser d'abord le châssis et la partie inférieure de la carrosserie de la plus grande partie de la saleté, au moyen d'un jet d'eau à pression modérée., puis les nettoyer avec l'aide d'une brosse.

Arroser doucement la superstructure et les roues pour amollir la boue et la dissoudre. Ne jamais diriger un jet d'eau sous pression sur les surfaces peintes. Le mieux est de laver ces surfaces avec une éponge naturelle et beaucoup d'eau, de haut en bas. **Fig. 70**

Rincer très souvent l'éponge à grande eau pour ne pas rayer la peinture. Il est recommandable d'arroser encore à grande eau, mais sans pression, puis d'essuyer la carrosserie avec l'éponge soigneusement rincée et serrée. Enfin, sécher les surfaces avec une peau de daim, pour éviter la formation de gouttes d'eau. **Fig. 71**

Si un lavage simple s'avère insuffisant, on peut laver encore une fois la carrosserie avec de l'eau chaude, ou additionnée de savon (solution à 1 ou 2 %) ou encore procéder à un shampoing. **Fig. 72**

En aucun cas, la concentration de savon prescrite ne doit être dépassée, sous peine de dégâts à la carrosserie (craquelures).
Après lavage au savon ou au shampoing, il faut rincer abondamment à l'eau propre, froide.

Conservación de la carrocería

Constituye siempre una manifestación de cariño al vehículo, el hecho de cuidar personalmente de él. Sin embargo por sencillos que sean los trabajos de conservación, no dejarán de requerirse algunos conocimientos para realizarlos en forma debida.

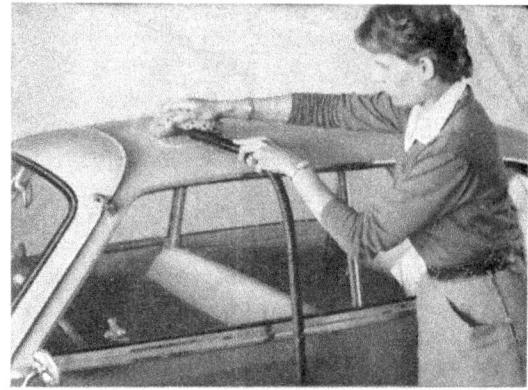

70

Como podrá observarse, la excelente pintura sintética a fuego quedará siempre expuesta a las inclemencias rigurosas del tiempo. Tanto el sol como el frío, la lluvia, el barro y el polvo, éstos últimos que a menudo contienen substancias químicas, son los elementos naturales que obrarán desfavorablemente sobre la misma. Por esta razón es de comprenderse que el objeto de llevar a cabo el cuidado de la carrocería es con el fin de aumentar su longevidad.

Primeramente se recomienda no dejar el coche bajo la acción directa de los rayos solares. En segundo lugar hay que lavar la pintura con abundante agua fría, sobre todo durante las primeras semanas. Tanto en el chasis como en la parte inferior proyectar un chorro de agua no muy fuerte con el objeto de desprenderles los trozos de barro y después con la ayuda de un cepillo acabarlos de limpiar.

71

En la carrocería y en las ruedas emplear el mismo procedimiento (chorro de agua débil) para desprenderles la tierra pegada, pero nunca emplear un chisguete de agua a presión. La mejor manera de eliminar la suciedad es frotando la pintura de arriba hacia abajo con una esponja natural y bastante agua. **Ilustración 70.** Esta esponja deberá enjuagarse muy a menudo para evitar se raye la superficie. Un enjuague general es de recomendarse y en seguida, con la esponja bien esprimida, quitar el agua remanente acabándola de secar con una gamuza limpia y seca para evitar queden manchones. **Ilustración 71.** En caso de que el simple lavado con agua no bastara, entonces deberá efectuarse un lavado posterior con agua caliente o con una solución de jabón al $1-2\%$ o bien utilizar un «champú».**Ilustración 72.** En ningún caso se recomienda aumentar la concentración prescrita porque puede dañar la pintura provocando la formación de grietas.

72

Con posterioridad a éstas dos últimas operaciones deberá efectuarse siempre un lavado general con bastante agua limpia y fría.

73

At frequent intervals and after every use of soap- or shampoo-solution the paint finish should be treated with special BMW high gloss finish. Apply on absolutely dry surface with a soft cloth or wadding pad. Apply a little at a time over small area. **(Fig. 73)**. Leave to dry and then polish with a soft clean cloth until lustre is obtained. **(Fig. 74)**. This polishing will ensure that the body finish becomes water-repellent. **(Fig. 75)**. This treatment with special BMW high gloss polish should be carried out at frequent intervals of approximately 6 to 8 weeks in order to restore the "spent pigment" which has gone from the finish in the course of time.

Care should be taken on the maintenance of the **window panels.** All windows are of thoughened safety glass. The adherent dust is best removed with plenty of flowing water by means of hose. Then rub windows dry with a skin. **(Fig. 76)**. Eventually, the windows may be cleaned with a duster or a dust cloth, but never with a linen cloth.

Tar splashes should be removed immediately when discovered. Remove the spots with a turpentine-wetted soft cloth.

Chrome-plated and polished parts should frequently be cleaned with plenty of water and after drying they should be treated with a metal polish containing wax. Do not use grease or vaseline because these means retain the dust.

Rubber parts, such as sealing strips, etc. should only be cleaned with soapy water or pure glycerine, never use gasoline or oil. The windshield wiper blades can be cleaned with soapy water. **(Fig. 77)**.

De même, après chaque lavage au savon ou chaque shampoing, il faut étendre, au moyen d'un tampon d'étoffe douce ou d'ouate à polir, sur les surfaces totalement sèches de la peinture, le produit «Spezial-BMW-Konservierungsmittel Hartglanz», en procédant par petites surfaces. **Fig. 73**

Laisser sécher le produit, qui devient alors mat, puis polir soigneusement avec un tampon d'ouate propre. **(Fig. 74)**. Sur une carrosserie bien entretenue, si l'on projette un peu d'eau, elle se forme immédiatement en gouttes. **(Fig. 75)**. Le traitement au produit «Spezial-BMW-Konservierungsmittel-Hartglanz» doit être répété toutes les 6 à 8 semaines, car ce produit nourrit la peinture en matières grasses. **Les glaces** doivent être traitées avec soin. Toutes les glaces sont en verre dur de sécurité. Le meilleur moyen de les nettoyer est de les laver à grande eau et de les sécher à la peau de daim. **(Fig. 76)**. Au besoin, on peut les débarrasser de la poussière avec un chiffon doux ou un plumeau en les époussetant, mais il ne faut jamais risquer de les rayer en frottant avec un chiffon.

Les taches de goudron dovient être enlevées le plus vite possible. Le meilleur moyen est une étoffe douce imbibée de pétrole.

Les pièces chromées ou polies sont à traiter après séchage avec un produit spécial pour chromes. Ne pas employer de graisse ou de vaseline, qui retiendrait trop la poussière.

Les parties caoutchouc doivent être nettoyées uniquement à l'eau de savon ou à la glycérine pure (en aucun cas à la benzine ou à l'huile). Si les balais des essuie-glace sont sales ou gras, ils peuvent être nettoyés à l'eau de savon. **(Fig. 77)**.

Después de todo lavado con solución jabonosa o con «champú«, se aplicará — una vez perfectamente seca la pintura y procediendo por zonas reducidas — una fina capa del preparado «Spezial-BMW-Konservierungsmittel-Hartglanz (polish especial BMW para conservación de la pintura) con ayuda de un trapo suave o bien con un trozo de algodón hidrófilo en la parte mate de dicha zona. **(Ilustración 73)**. Luego utilizando un algodón limpio se le sacará brillo. **(Ilustración 74)**. Una superficie bien pulida deberá rechazar el agua en forma de gotas perladas. **(Ilustración 75)**. Se recomienda cada 6 a 8 semanas tratar la pintura con el polish BMW para conservarle la grasa.

74

75

Para limpiar los cristales de las ventanillas deberá procederse con esmero. Todos ellos van fabricados en cristal dura de seguridad. Al quitarles el polvo hágalo con un plumero o con un paño de limpieza, pero nunca frotarlos con un trapo. Un método mejor es emplear bastante agua corriente y una esponja. Secarlos más tarde con una piel de gamuza. **(Ilustración 76)**.

En caso de que la pintura se haya manchado con **alquitrán** hay que quitarle éstas lo más pronto posible con un trapo empapado en aguarrás.

76

Las partes cromadas o pulimentadas se lavarán igualmente con mucha agua y una vez secas, tratarlas con el producto Chrom-Pflegewachs (polish para metales a base de cera). Se hace hincapié no usar grasa o vaselina, porque solamente retienen el polvo.

Las partes de goma, tales como los burletes etc., sólo deberán limpiarse con solución jabonosa o glicerina pura, en ningún caso usar gasolina o aceite. Lo mismo a los hules de los limpiaparabrisas se les puede desprender la mugre con solución de jabón. **(Ilustración 77)**.

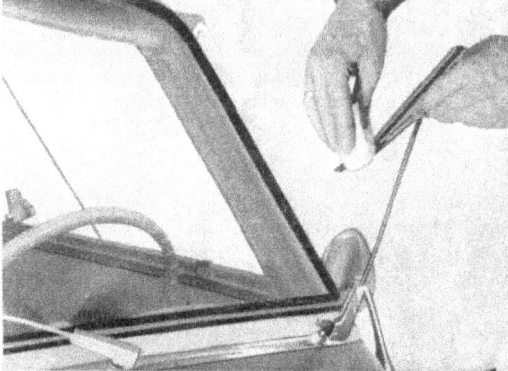

77

Maintenance guide

The first maintenance operations, that is to change engine oil, engine oil filter element and transmission lubricant, should already be carried out after the first 500 km. (300 miles). Thereafter the maintenance schedule is based on service at 2000 kilometer (1,200 miles) intervals. This most frequent, basic service is the Service A. The more complicated operations to be done at multiples of the basic mileage form the Service B and finally the Service C. Besides these regular services the maintenance schedule comprises two services to be carried out during the early life of your car, on a no charge basis: Service I at 2000 km. (1,200 miles) and Service II at 4000 km. (2,400 miles).

Operations to be performed at Service A, B and C
Service A (every 2000 km. = 1,200 miles)
1. Change engine oil. (At every Service A replace engine oil filter element).
2. Check transmission oil level.
3. Lubricate: Steering knuckle assemblies, left and right, 3 grease nipples (fittings) at each side; steering arm shaft, 1 grease nipple; pedal shaft, 3 grease nipples.
4. Inspect level in front suspension oil reservoirs, left and right, and top up as necessary.
5. Examine battery, check electrolyte level and specific gravity, grease terminals, check lighting system functionally.
6. Examine air filter, remove dust carefully from dry element.

Service B (every 8000 km. = 5,000 miles)
1. Service A.
2. Clean spark plugs, adjust electrode gap (.7 – .8 mm.). Use only original spark plugs (W 225 T 2) with long thread. Before fitting the plugs, coat threads slightly with graphite paste.
3. Examine and adjust, if necessary, contact breaker points (.4 mm.). Check working of automatic ignition control and, if necessary, reset ignition timing.
4. Check valve clearances (cold) and reset if necessary. Inlet .15 mm., exhaust .15 – .20 mm.
5. Check brake master cylinder fluid level and top up as necessary.
6. Check brakes and adjust if necessary.
7. Use oilcan to lubricate all hinges and control joints.
8. Examine and clean carburetor and reset slow-running adjustment if necessary.
9. Clean fuel line water trap.
10. Change road-wheels, placing front wheels on the rear and vice versa (not diagonally), balance road-wheels.
11. Check toe-in adjustment of front wheels and reset if necessary.
12. Check tightness of rubber joint nuts on rear axle shafts and, if necessary retighten to the recommended pressure (4.5 m/kg = 32.5 foot-pounds).

Service C (every 16 000 km. = 10,000 miles)
1. Service A
2. Service B
3. After drainage of engine oil, remove oil sump and clean same and oil strainer.
4. Drain and refill transmission lubricant.
5. Remove brake drums, examine and clean brake-shoe linings.
6. Examine all control cables.
7. Check electrical lighting system functionally.
8. Check front and rear wheel bearings for bearing play and repack bearings with a high melting point wheel bearing lubricant.
9. Change element of fuel filter.
10. Change air filter element. Adverse driving conditions may make more frequent changes necessary.
11. Check steering connections for wear.

Plan des services d'entretien

Comme premier service d'entretien, il faut, après les premiers 500 Km., remplacer l'huile du moteur et le filtre d'huile et remplacer l'huile de la boîte de vitesses. Hors celà, chaque fois que le véhicule aura parcouru 2000 Km., il devra faire l'objet des travaux du service A. Des soins plus approfondis viendront à échéance chaque fois à un multiple du chiffre de base de 2000 Km., ce seront les services B, puis C. Outre ces services réguliers, les services gratuits I à 2000 Km. et II à 4000 Km. ont été prévus.

Travaux des services A, B et C

Service A. A effectuer tous les 2000 Km.
1. Remplacer l'huile du moteur. A chaque service A, remplacer la cartouche du filtre d'huile.
2. Contrôler le niveau d'huile dans la boîte de vitesses.
3. Graisser: articulations des pivots de roues avants, de chaque côte 3 graisseurs; arbre de direction, 1 graisseur; axe des pédales, 3 graisseurs.
4. Articulations des bras oscillants avants, droit et gauche: contrôler et s'il le faut compléter la réserve d'huile.
5. Contrôler la batterie, niveau et densité de l'acide, enduire les bornes de graisse, vérifier l'éclairage.
6. Examiner le filtre d'air, en secouer prudemment la poussière.

Service B. A effectuer tous les 8000 Km.
1. Service A
2. Nettoyer les bougies, rectifier l'écartement des électrodes (0,7 – 0,8 mm). N'employer que des bougies originales (W 225 T 2) à long filetage. Avant le montage, enduire soigneusement le filetage de graisse graphitée.
3. Contrôler les contacts du rupteur. régler leur ouverture à 0,4 mm. Vérifier le calage de l'allumage, éventuellement régler.
4. Contrôler le jeu des soupapes, moteur froid. Au besoin, régler. (Adm. 0,15 mm – Echap. 0,15 – 0,20 mm).
5. Vérifier le niveau du liquide de freins, compléter s'il le faut.
6. Contrôler et au besoin régler les freins.
7. Huiler toutes les charnières et articulations.
8. Nettoyer le carburateur, éventuellement régler le ralenti.
9. Nettoyer le séparateur d'eau.
10. Interchanger les roues, interchanger en même temps les roues avants et arrières; équilibrer les roues.
11. Contrôler le pincement avant, au besoin le régler.
12. Vérifier le blocage des vis de liaison des flectors caoutchouc d'axe arrière (4,5 mKg.).

Service C. A effectuer tous les 16.000 Km.
1. Service A
2. Service B
3. En vidangeant l'huile, déposer le fond du carter moteur, le nettoyer ainsi que le treillis de filtre.
4. Remplacer l'huile du bloc boîte de vitesses.
5. Déposer les tambours de freins, contrôler les garnitures, nettoyer.
6. Vérifier toutes les commandes Bowden.
7. Contrôler l'équipment d'éclairage.
8. Vérifier le jeu des roulements avants et arrières, garnir de graisse les moyeux.
9. Remplacer la cartouche du filtre d'essence.
10. Remplacer la cartouche du filtre d'air (si son état ne nécessitait pas ce remplacement plus tôt).
11. Contrôler la direction, particulièrement ses articulations.

Servicios de mantenimiento

El primer servicio de mantenimiento, que deberá efectuarse a los primeros 500 km., abarca el cambio de aceite en el motor, el cambio de aceite en el bloque de la caja de cambio y la renovación del filtro de aceite en el motor. Luego se ha tomado como base un recorrido de 2000 km al cabo del cual se comenzará con el servicio A. Los servicios siguientes, incluyendo los más complejos, se realizarán de acuerdo con el múltiplo del recorrido base (2000 km) y estarán designados con las letras B y C respectivamente. Además de estos servicios reglamentarios se llevarán a cabo los servicios I a los 2000 km y II a los 4000 km sin costo alguno.

Servicios de mantenimiento A, B y C y sus trabajos respectivos.

Servicio A. Cada 2000 km.

1. Cambiar el aceite en el motor. (En cada servicio A renovar el cartucho de aceite).
2. Controlar el nivel de aceite en el bloque caja de cambio.
3. Engrasar: los pivotes de las manguetas con 3 niples de engrase (lados der. e izq.), el eje de la dirección 1 niple de engrase, el eje de los pedales 3 niples de engrase.
4. Comprobar el nivel de aceite de las articulaciones de los brazos oscilantes y agregar lubricante si fuera necesario.
5. Comprobar el nivel y la densidad del ácido de la batería.
6. Revisar el filtro de aire y desprenderle cuidadosamente el polvo que pudiera tener.

Servicio B. Cada 8000 km.

1. Servicio A
2. Limpiar las bujías y reajustar la distancia de los electrodos a 0,7 – 0,8 mm. Emplear solamente bujías originales (Bosch 225 T 2) con rosca larga. Al colocarlas embadurnarles la rosca con grasa grafitada.
3. Controlar los platinos a 0,4 mm de separación. Comprobar y si fuera necesario reajustar la puesta en punto del encendido.
4. Verificar y si fuera necesario reajustar el juego de las válvulas con el motor frío. Adm. = 0,15 y Esc. = 0,15 a 0,20 mm
5. Controlar y en caso necesario restablecer el nivel del líquido de frenos.
6. Verificar y si fuera necesario reajustar los frenos.
7. Aceitar todas las charnelas y articulaciones.
8. Limpiar el carburador y reajustar su marcha en vacío.
9. Limpiar el separador de agua.
10. Permutar las ruedas delanteras con las traseras y equilibrarlas dinámicamente.
11. Comprobar y en caso necesario reajustar la convergencia de las ruedas.
12. Comprobar la tensión de 4,5 kgm de los tornillos del acoplamiento de hule de las ruedas traseras.

Servicio C. Cada 16 000 km.

1. Servicio A
2. Servicio B
3. En el cambio del aceite del motor, quítese el cárter y límpiese junto con su coladera.
4. Cambiar el aceite del bloque de la caja de cambio.
5. Desmontar los tambores de los frenos y verificar los forros de los mismos.
6. Revisar todos los cables de mando (Bowden).
7. Revisar la instalación del alumbrado.
8. Revisar el juego de los rodamientos de las ruedas delanteras y traseras y engrasarlos.
9. Cambiar el cartucho del filtro de la gasolina.
10. Sustituir el cartucho del filtro de aire (puede ser antes de acuerdo con el contenido de polvo).
11. Comprobar la dirección, especialmente sus articulaciones.

Lubrication and maintenance chart

Operations to be performed

The numberals correspond with the lubrication point indications and the illustrations of the attached lubrication chart.

1. Pedal shaft (3 nipples)   Universal grease
2. Steering shaft (1 nipple)
                        Universal grease
3. Steering knuckle assemblies, left and right (3 nipples at each side)   Universal grease
4. Wheel bearings   Universal grease
5. Front suspension, swing arm bearings, left and right (1 oil reservoir at each side)
                    Engine oil SAE 10 W 30
6. Brake master cylinder   Brake fluid
7. Battery   Distilled water
8. Transmission   Engine oil SAE 10 W 30
9. Engine
               HD engine oil SAE 10 W 30
               in summer and winter
10. Contact breaker   Bosch special grease
11. Air cleaner   New filter element
12. Oil filter°)   New filter element
13. Fuel filter°)   New filter element

*) not shown on lubrication chart.

Designation and specification of lubricants and maintenance means

◇   Branded -HD-Engine Oil
       SAE 10 W 30
       in summer and winter

●   Branded Engine Oil
       (Transmission and front suspension oil reservoirs)

▲   Branded Universal (Multi-Purpose) Grease

✕   High melting point lubricant for breaker cam felt wick

+   Brake Fluid   -Ate blue

■   Distilled water

○   Check − Transmission oil

△   Check − Bearing play, repack if necessary

◆   Change filter element

Plan de graissage et d'entretien

Travaux à exécuter

Les numéros désignent les points de graissage ou d'entretien et se retrouvent dans le plan ci-contre.

1. Axe des pédales (3 graisseurs)
                        Graisse consistante
2. Arbre de direction (1 graisseur)
                        Graisse consistante
3. Articulations des pivots de roues avants (3 graisseurs de chaque côté)
                        Graisse consistante
4. Roulements de roues   Graisse consistante
5. Articulations des bras oscillants avants (gauche et droite)   Huile moteur
                        SAE 10 W 30
6. Cylindre de commande de freins
                        Liquide de freins
7. Batterie   Eau distillée
8. Boîte de vitesses   Huile moteur
                        SAE 10 W 30
9. Moteur   Huile moteur HD
              Eté et hiver SAE 10 W 30
10. Rupteur   Graisse spéciale Bosch
11. Filtre d'air   Cartouche neuve
12. Filtre d'huile°)   Cartouche neuve
13. Filtre d'essence°)   Cartouche neuve

*) Ne figurent pas dans le plan de graissage.

Désignation et spécification des lubrifiants et produits à utiliser

◇   Huile de moteur HD, de marque
       Eté de hiver SAE 10 W 30

●   Huile de moteur de marque
       (Boîte de vitesses et articulations de bras oscillants avants)

▲   Graisse de marque à emplois multiples

✕   Graisse pour paliers à haute température pour feutre lubrifiant la came du rupteur

+   Liquide de freins ATE-bleu

■   Eau distillée

○   Contrôle − Huile boîte de vitesses

△   Contrôle − Jeu des roulements, évent. graissage

◆   Remplacement de la cartouche de filtre

Guía de engrase y mantenimiento

Operaciones que han de realizarse
Los números corresponden tanto a las designaciones de los puntos de lubricación como a las ilustraciones de la guía contigua.

1. Eje de los pedales
   (3 niples engrase) Grasa consistente
2. Arbol de la dirección (1 niple engrase) Grasa consistente
3. A la derecha e izquierda:
   Articulaciones de pivotes de mangueta delanteros
   (3 niples engrase por lado) Grasa consistente
4. Rodamientos de las ruedas Grasa consistente
5. A la derecha e izquierda:
   Articulaciones de brazos oscilantes delanteros Aceite para motores SAE 10 W 30
6. Bomba de mando para frenos Líquido para frenos
7. Batería Agua destilada
8. Caja de cambio Aceite para motores SAE 10 W 30
9. Motor Aceite para motores HD verano e invierno SAE 10 W 30
10. Platinos Grasa especial Bosch
11. Filtro de aire Cartucho nuevo
12. Filtro de aceite° Cartucho nuevo
13. Filtro de combustible° Cartucho nuevo

° no indicados en la guía de engrase

Designación y especificación de los lubricantes y productos para el mantenimiento del vehículo

- ◇ Aceite para motores HD Verano e invierno SAE 10 W 30
- ● Aceite para motores caja de cambio y articulaciones de los brazos oscilantes delanteros
- ▲ Grasa de usos múltiples
- × Grasa para altas temperaturas para fieltro lubricador de la leva del ruptor
- + Líquido para frenos ATE – azul
- ■ Agua destilada
- O Control aceite bloque de cambio
- △ Control juego articulaciones – reajustarlos si es necesario
- ◆ Cambiar cartuchos

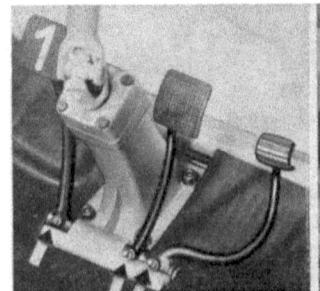

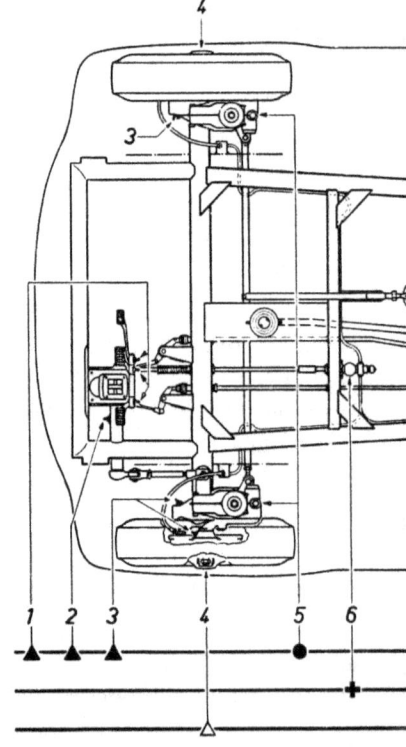
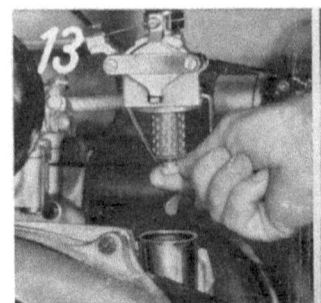
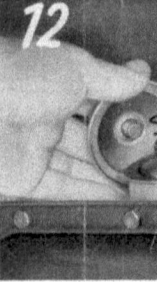

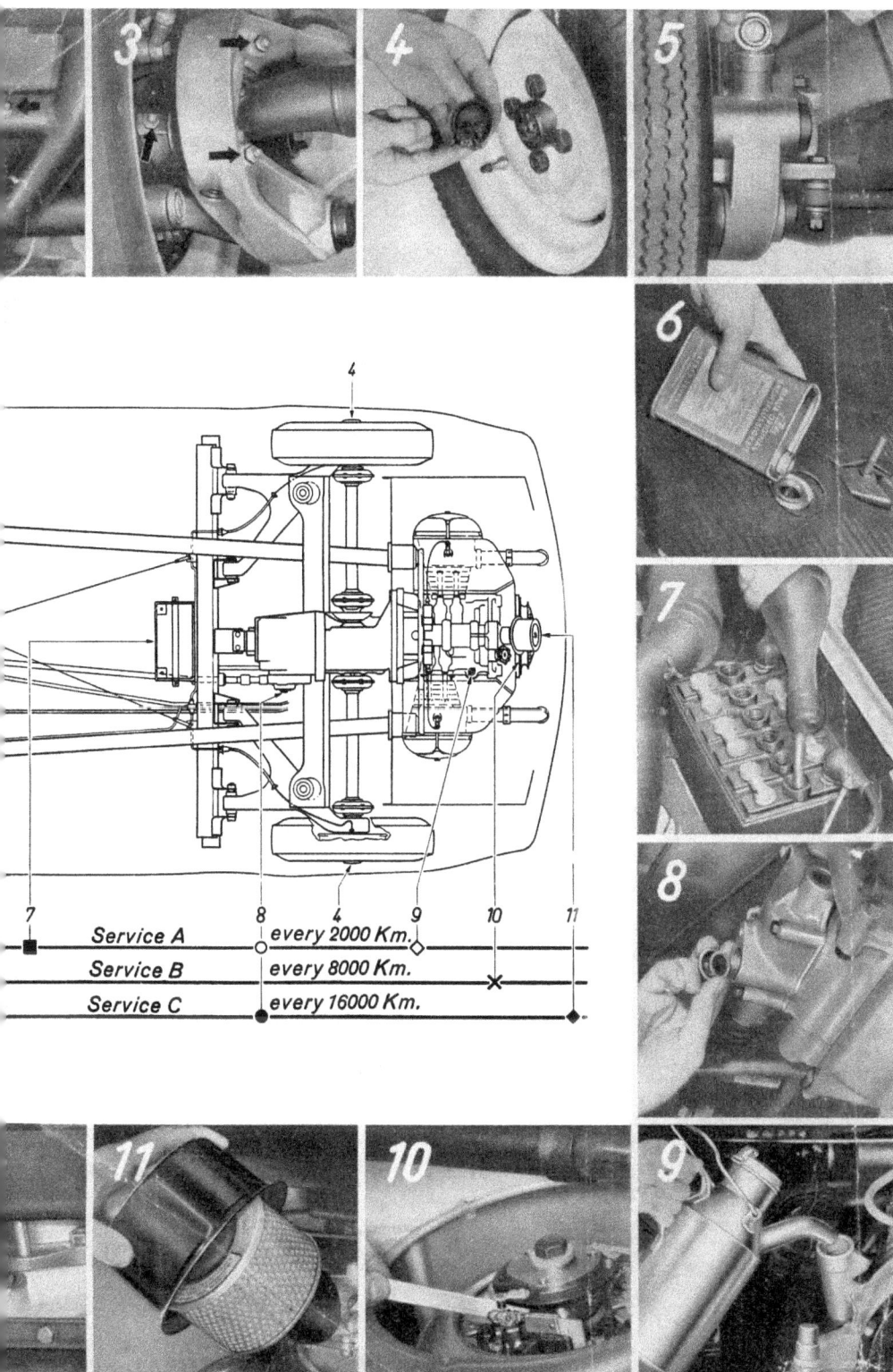

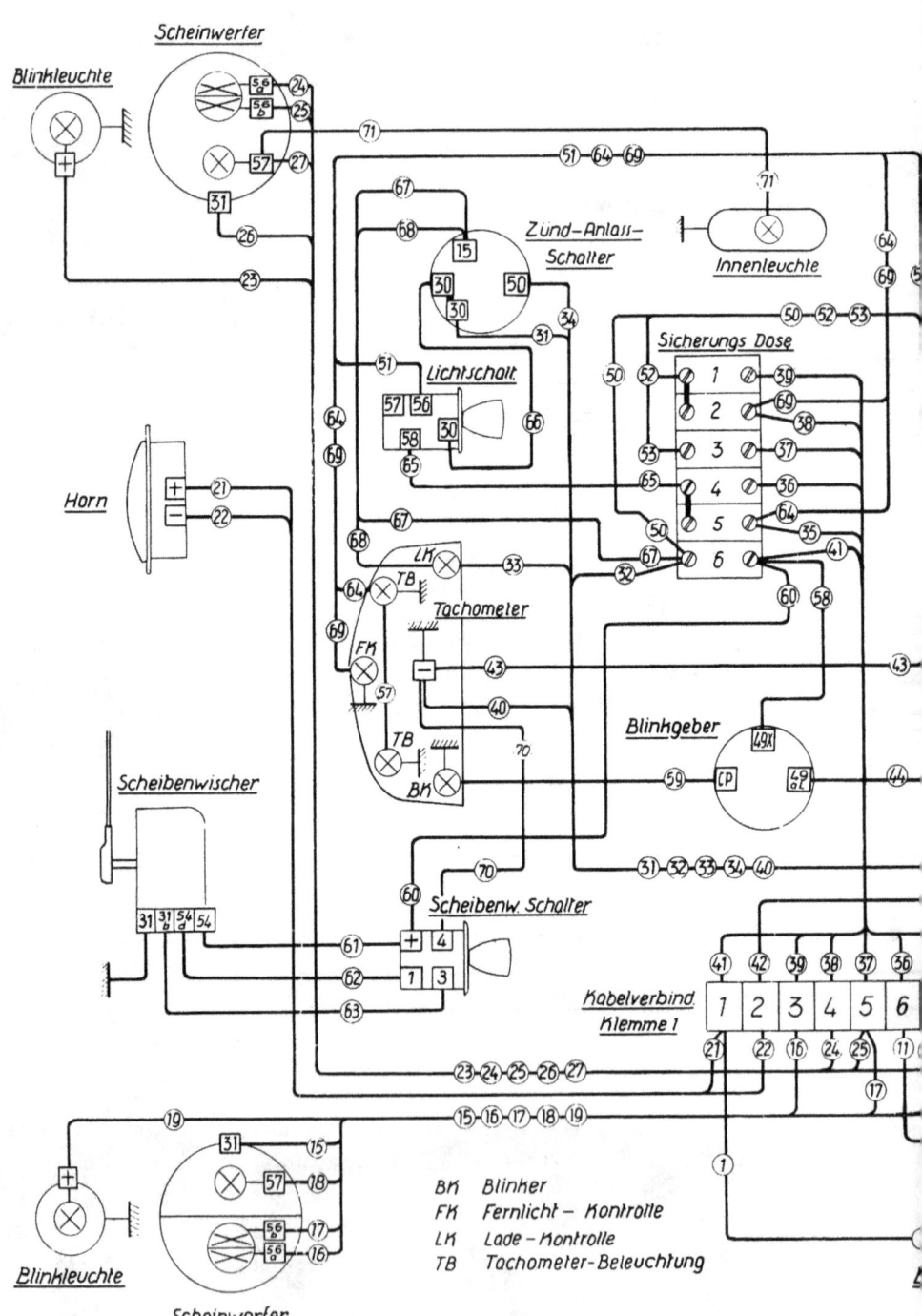

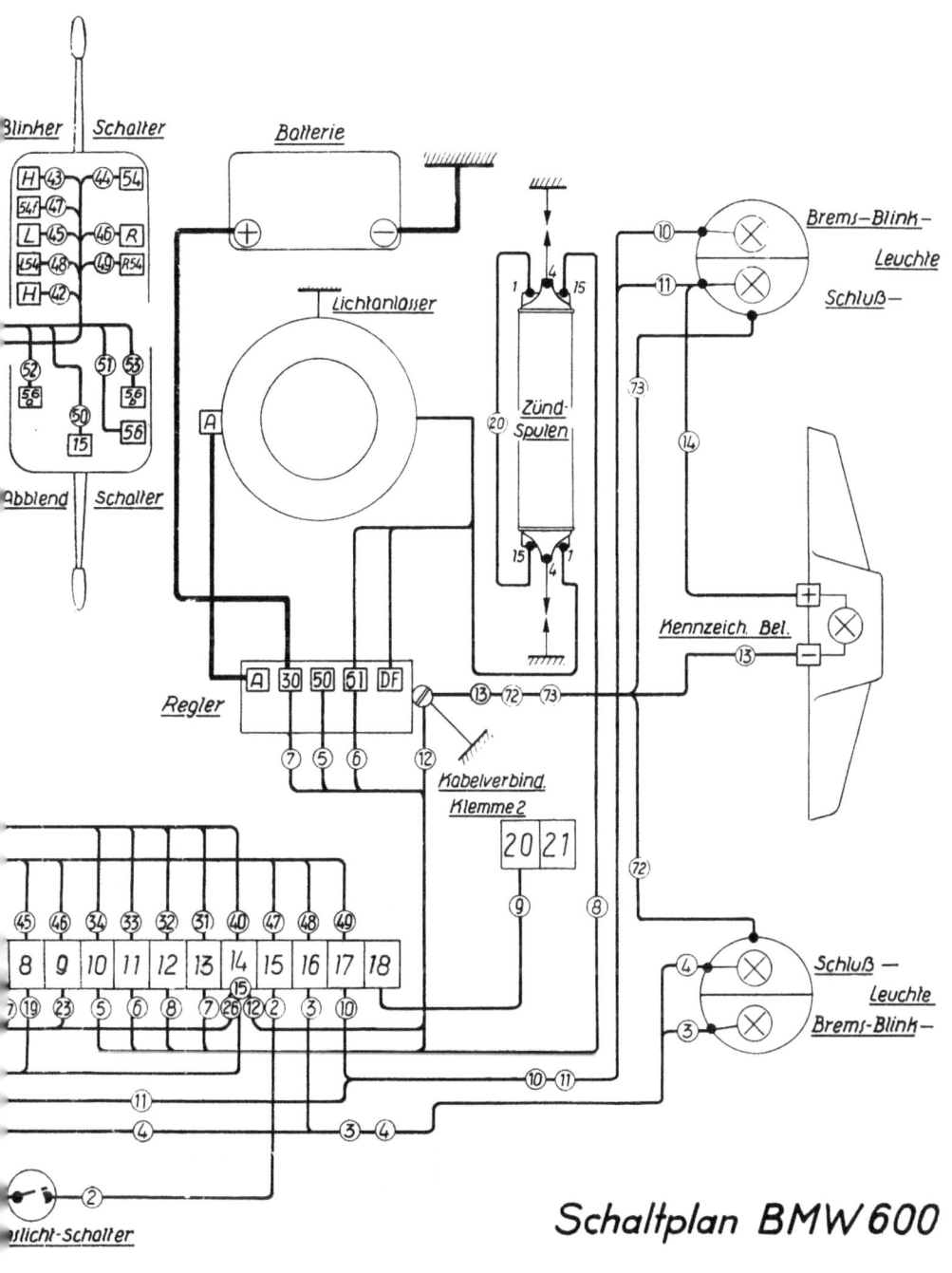

Schaltplan

- BK Blinker
- FK Fernlicht Kontrolle
- LK Lade-Kontrolle
- TB Tachometerbeleuchtung
- Blinkleuchte
- Scheinwerfer
- Horn
- Scheibenwischer
- Zünd-Anlaß-Schalter
- Lichtschalter
- Tachometer
- Scheibenwischer-Schalter
- Innenleuchte
- Sicherungsdose
- Blinkgeber
- Kabelverbindungs-Klemme 1
- Bremslichtschalter
- Blinkerschalter
- Abblendschalter
- **Regler**
- **Batterie**
- Lichtanlasser
- Zündspulen
- Kabelverbindungs-Klemme 2
- Kennzeichen-Beleuchtung
- **Brems-Leuchte**
- **Blink-Leuchte**
- **Schluß-Leuchte**

Wiring Diagram

- Headlamp flasher
- Headlight beam indicator
- Generator indicator light
- Speedometer dial light
- Turn signal light
- Headlamp
- Horn
- Windshield wiper
- Ignition-Starter switch
- Light control
- Speedometer
- Wiper switch
- Interior light
- Fuse box
- Turn signal flasher
- Terminal block No. I
- Stop light switch
- Turn signal switch
- Dimmer switch
- Voltage regulator
- Battery
- Dynamo starter
- Ignition coils
- Terminal block No. II
- License plate light
- **Stop light**
- **Turn signal light**
- **Tail light**

Schéma des connexions

- Avertisseur lumineux
- Contrôle de projecteurs
- Contrôle de charge
- Eclairage du compteur
- Feu clignotant
- Phare
- Avertisseur
- Essuie-glace
- Contact et démarreur
- Commutateur d'éclairage
- Tachymètre
- Commande des essuie-glace
- Lampe intérieure
- Coffret des fusibles
- Clignoteur
- Réglette de contacts No. I
- Contacteur de Stop
- Commande des clignotants
- Commutateur phares-code
- Régulateur de tension
- Batterie
- Dynamodémarreur
- Bobines d'allumage
- Réglette de contacts No. II
- Eclairage plaque d'immatriculation
- **Feu Stop**
- **Clignotant**
- **Feu arrière**

Diagrama eléctrico

- Mando ráfagas luz
- Indicador luces carretera
- Indicador carga batería
- Iluminación del velocímetro
- Luz intermitente
- Faro
- Claxon
- Limpiaparabrisas
- Encendido y arranque
- Interruptor del alumbrado
- Velocímetro
- Conmutador del limpiaparabrisas
- Luz interior
- Caja de fusibles
- Relé luz intermitente
- Placa de polos No. I
- Interruptor de la luz de »pare«
- Conmutador luz intermitente
- Conmutador luces carretera-cruce
- Regulador de voltaje
- Batería
- Dinamoarrancador
- Bobinas de encendido
- Placa de polos No. II
- Iluminación de la matrícula
- **Luz de »pare«**
- **Luz intermitente**
- **Luz piloto trasera**

Parts Diagrams

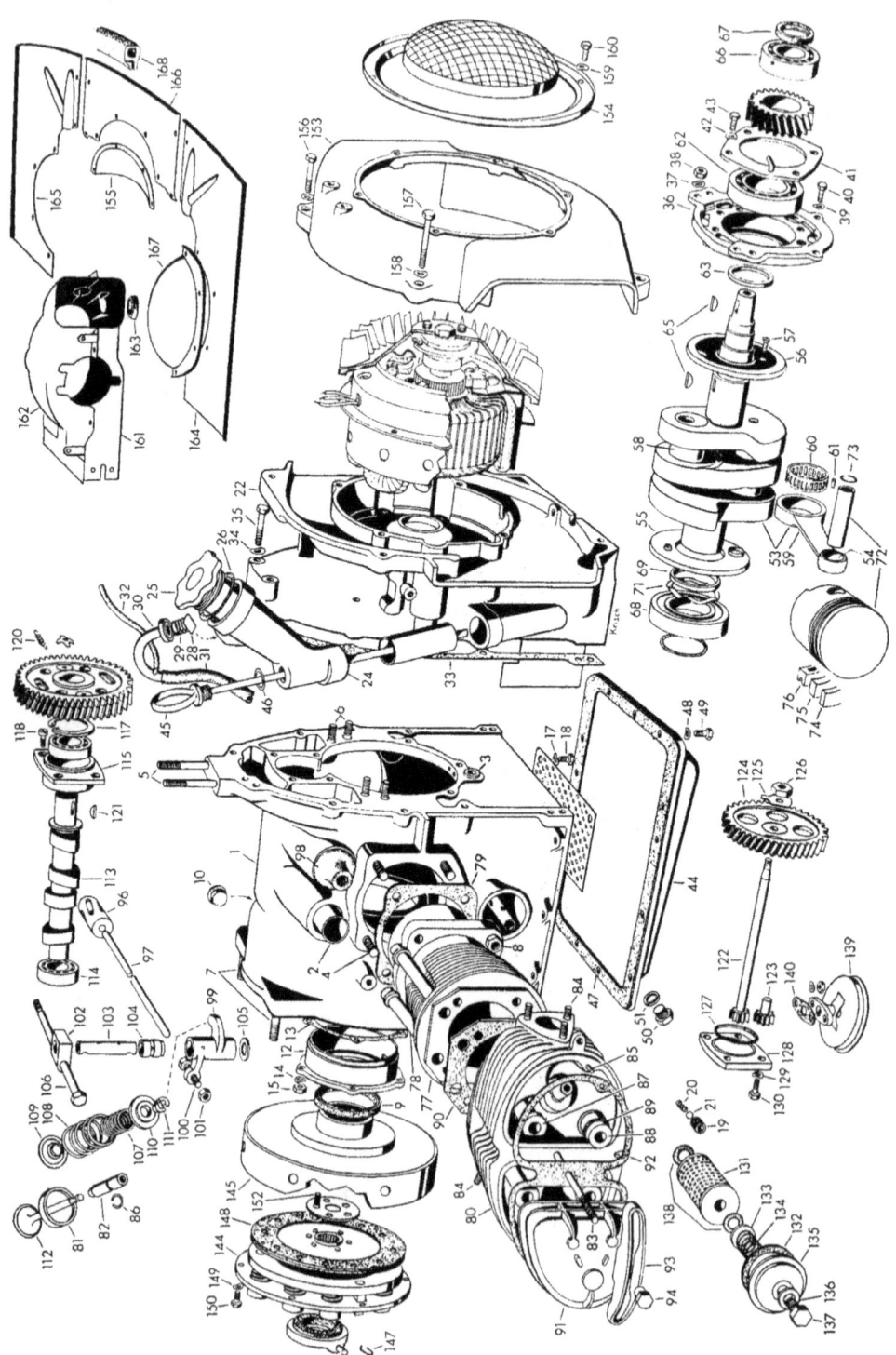

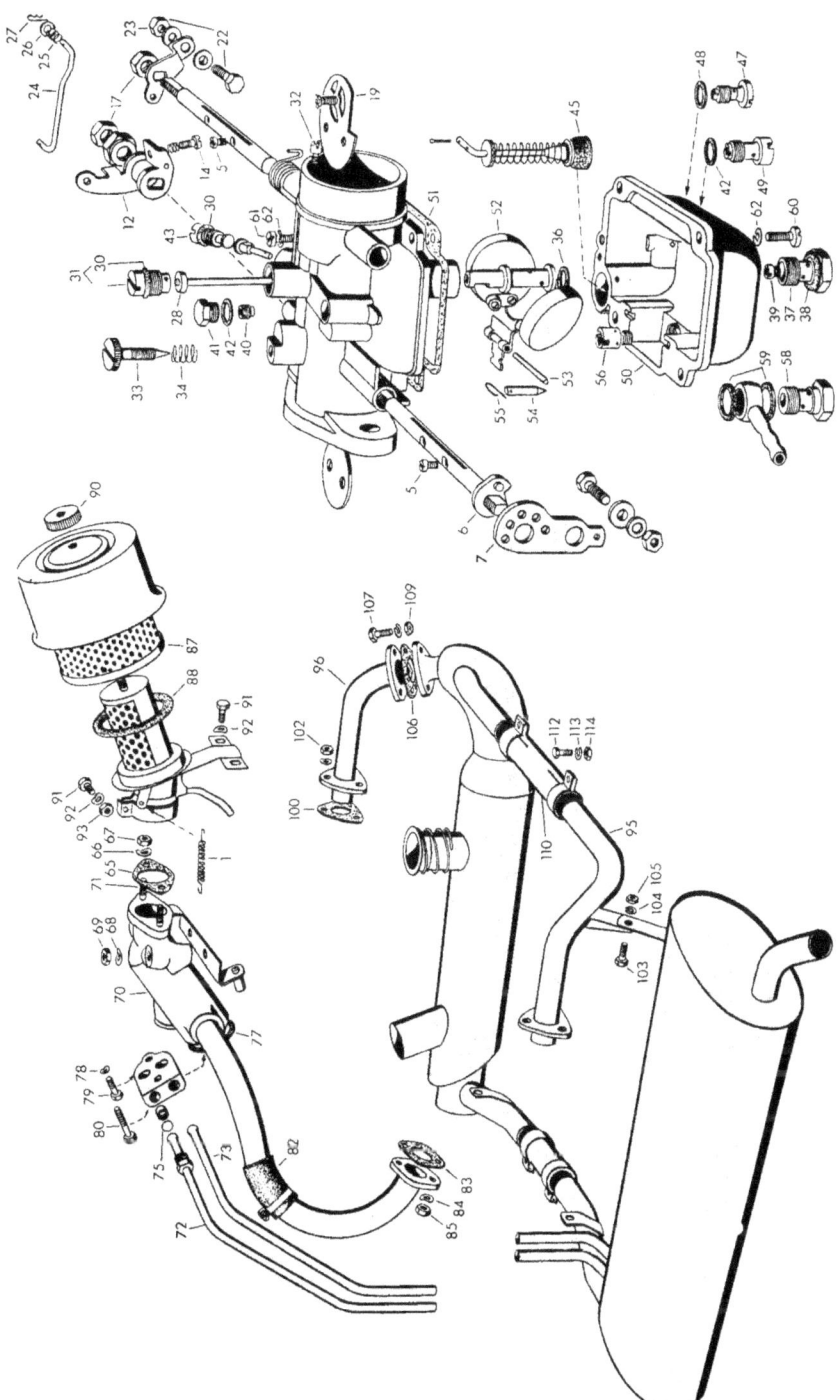

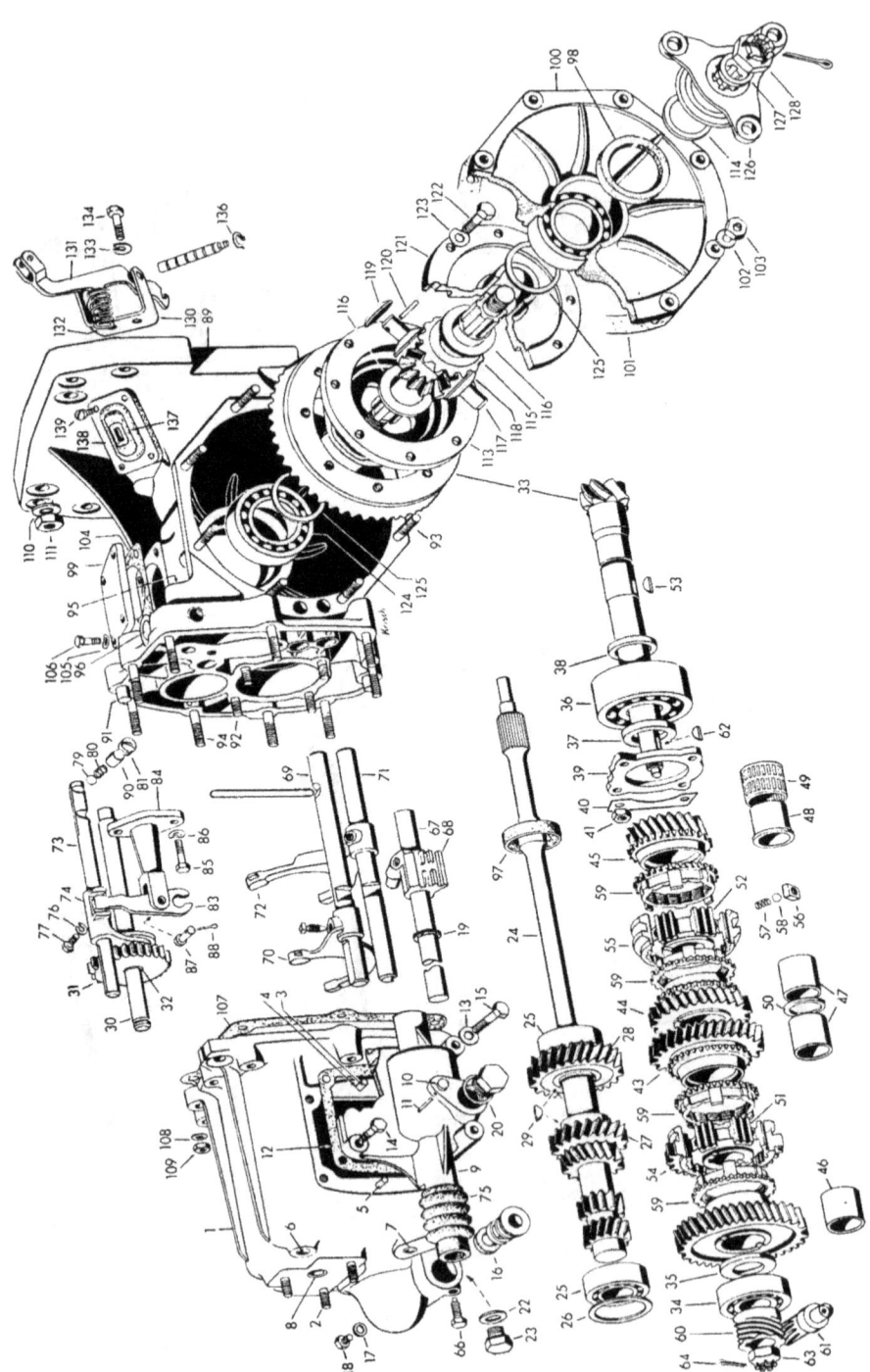

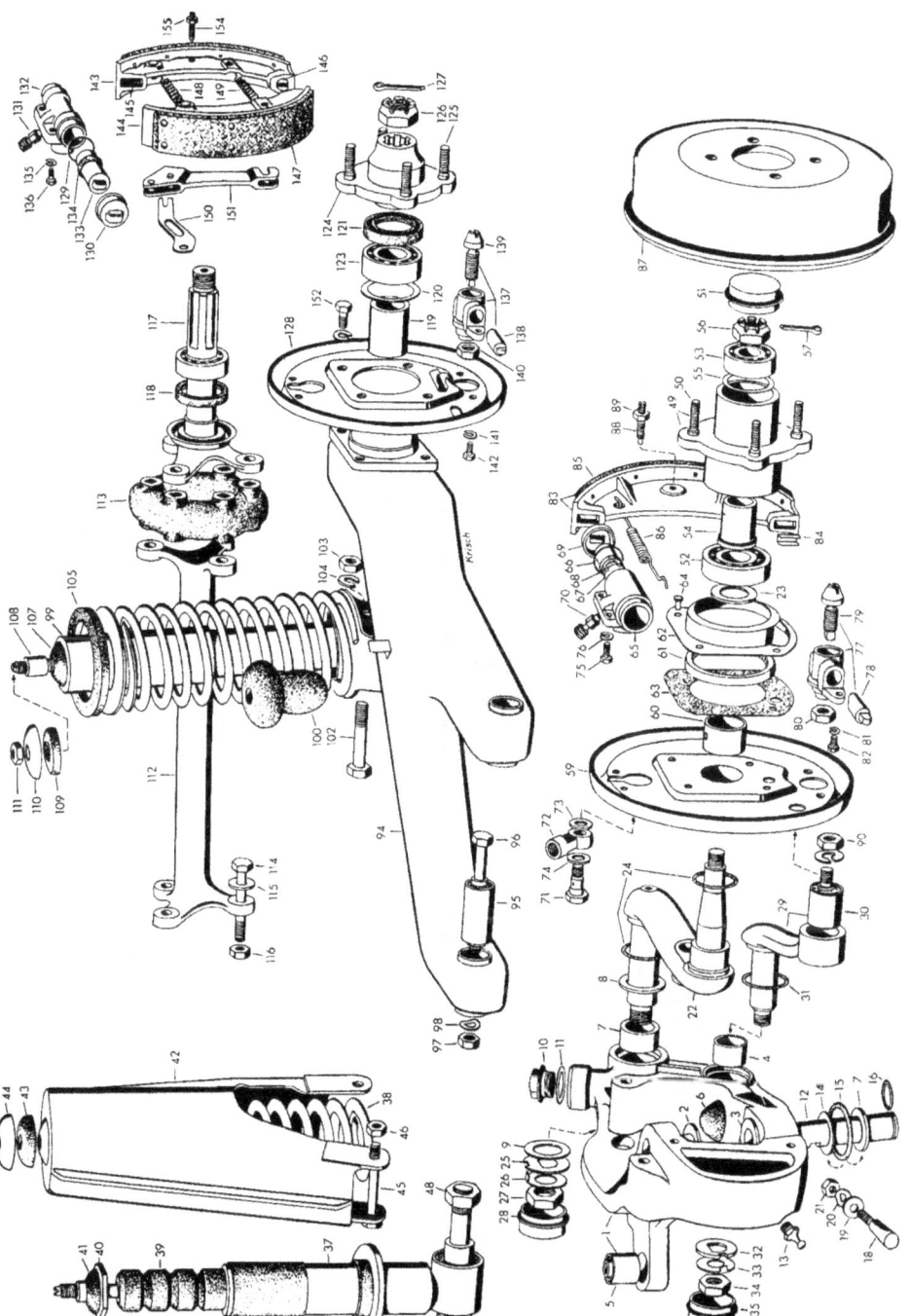

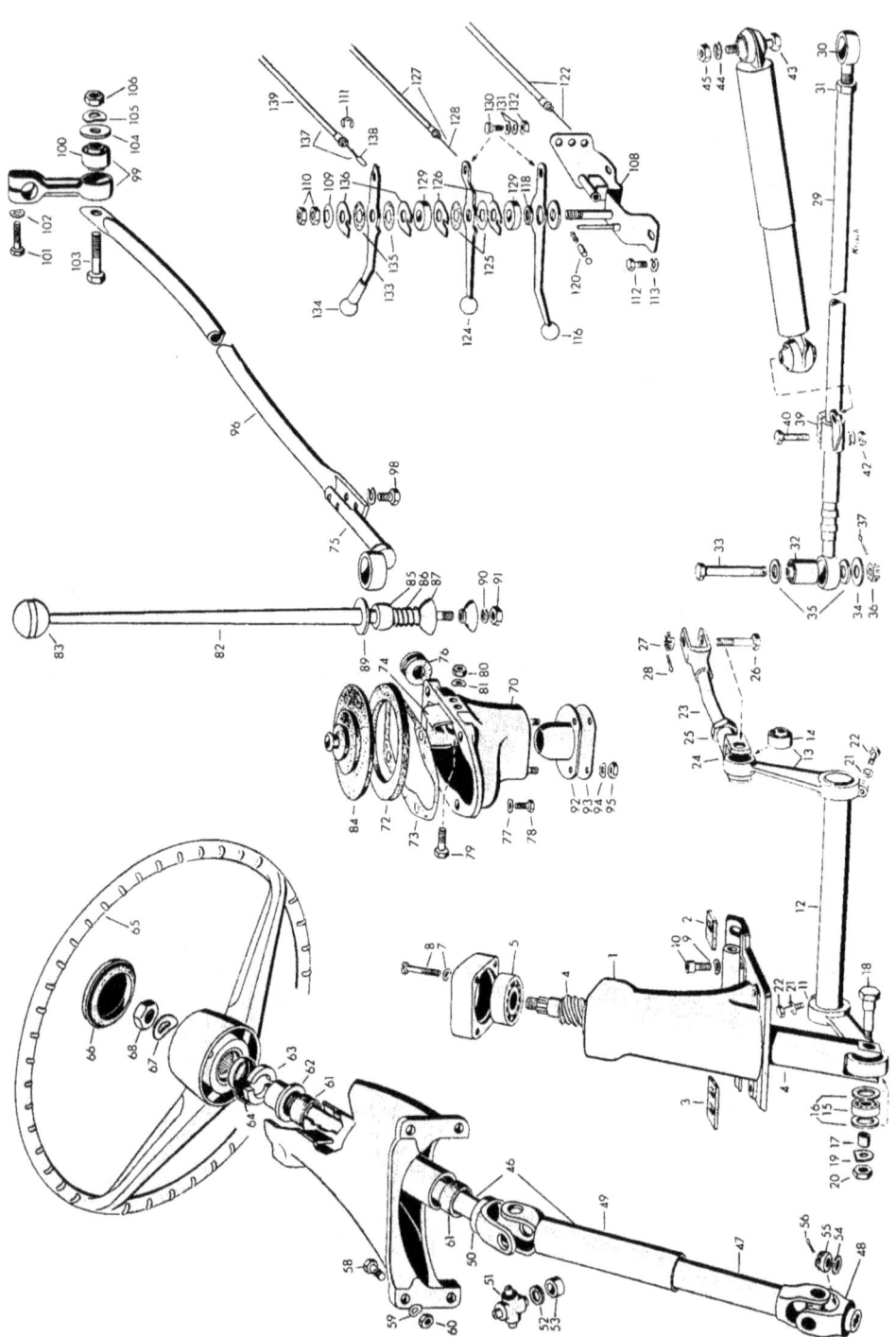

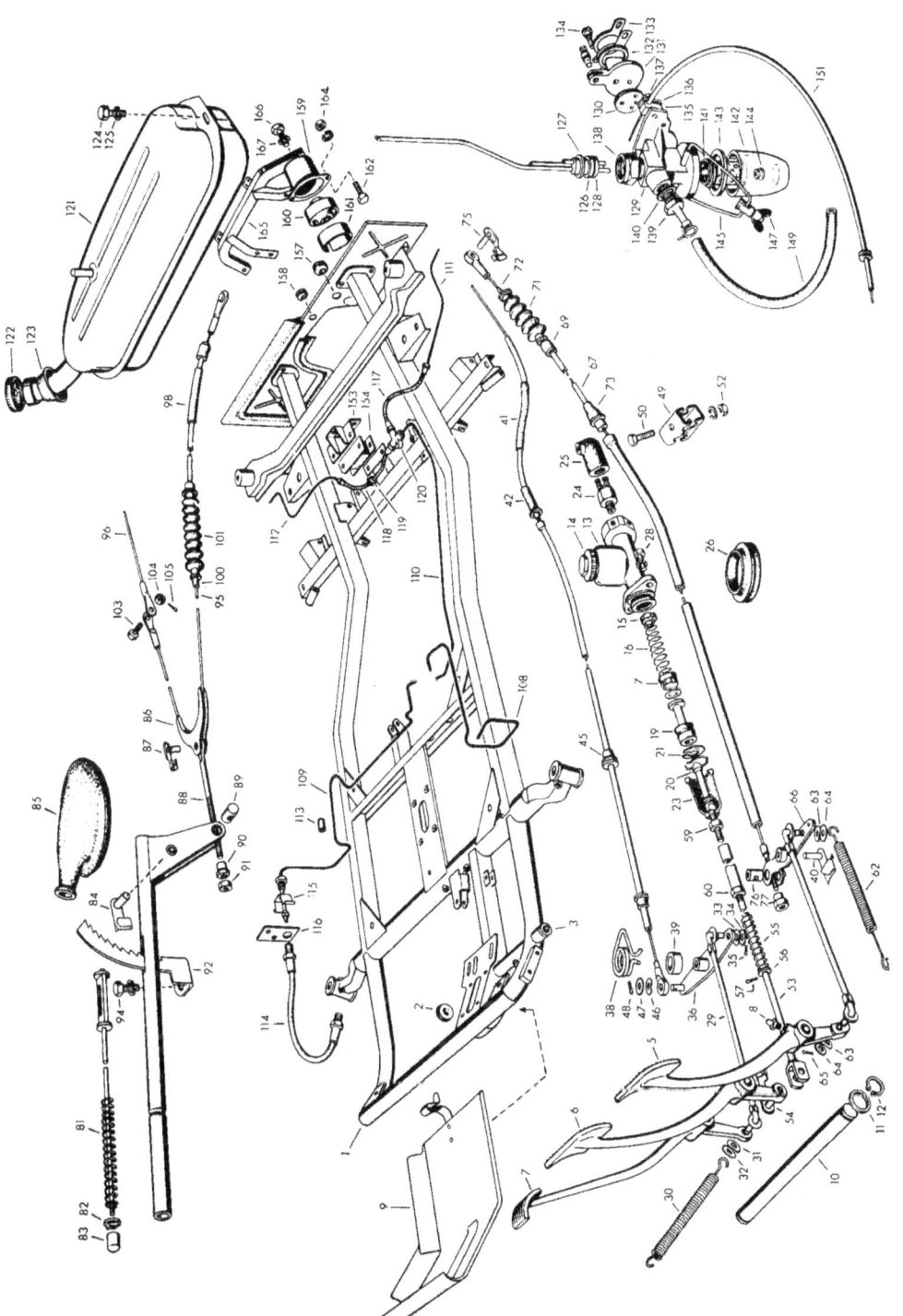

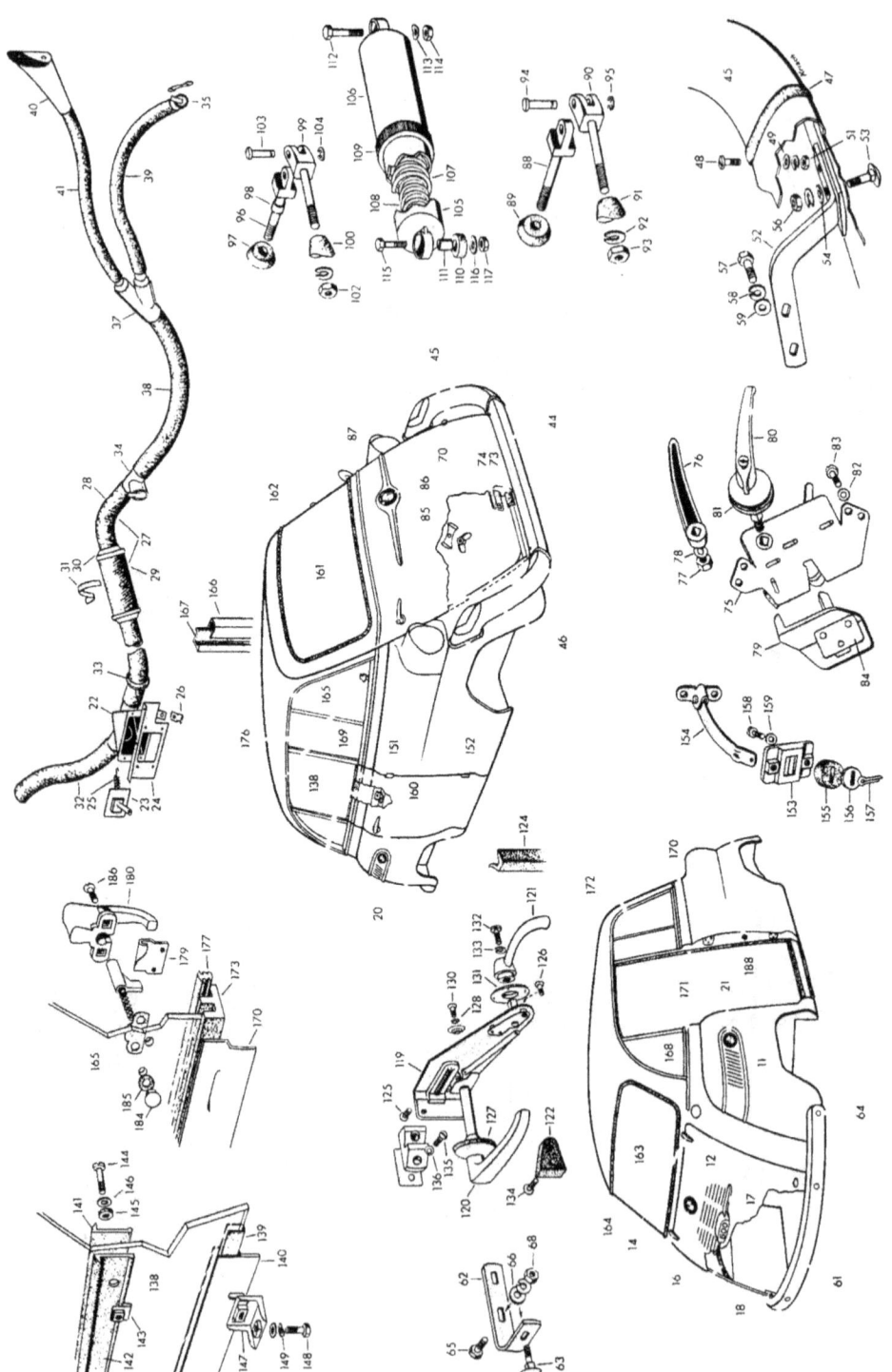

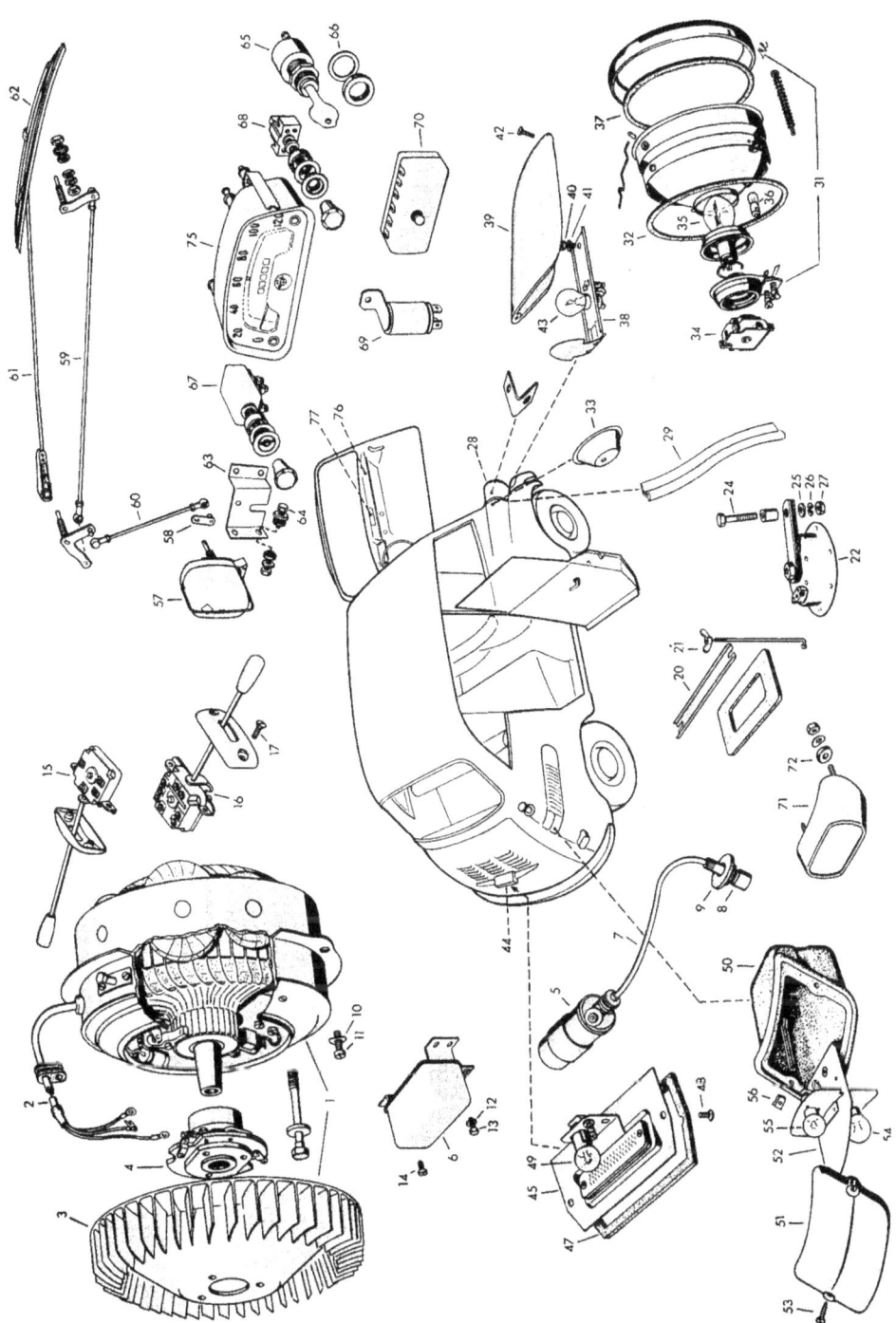

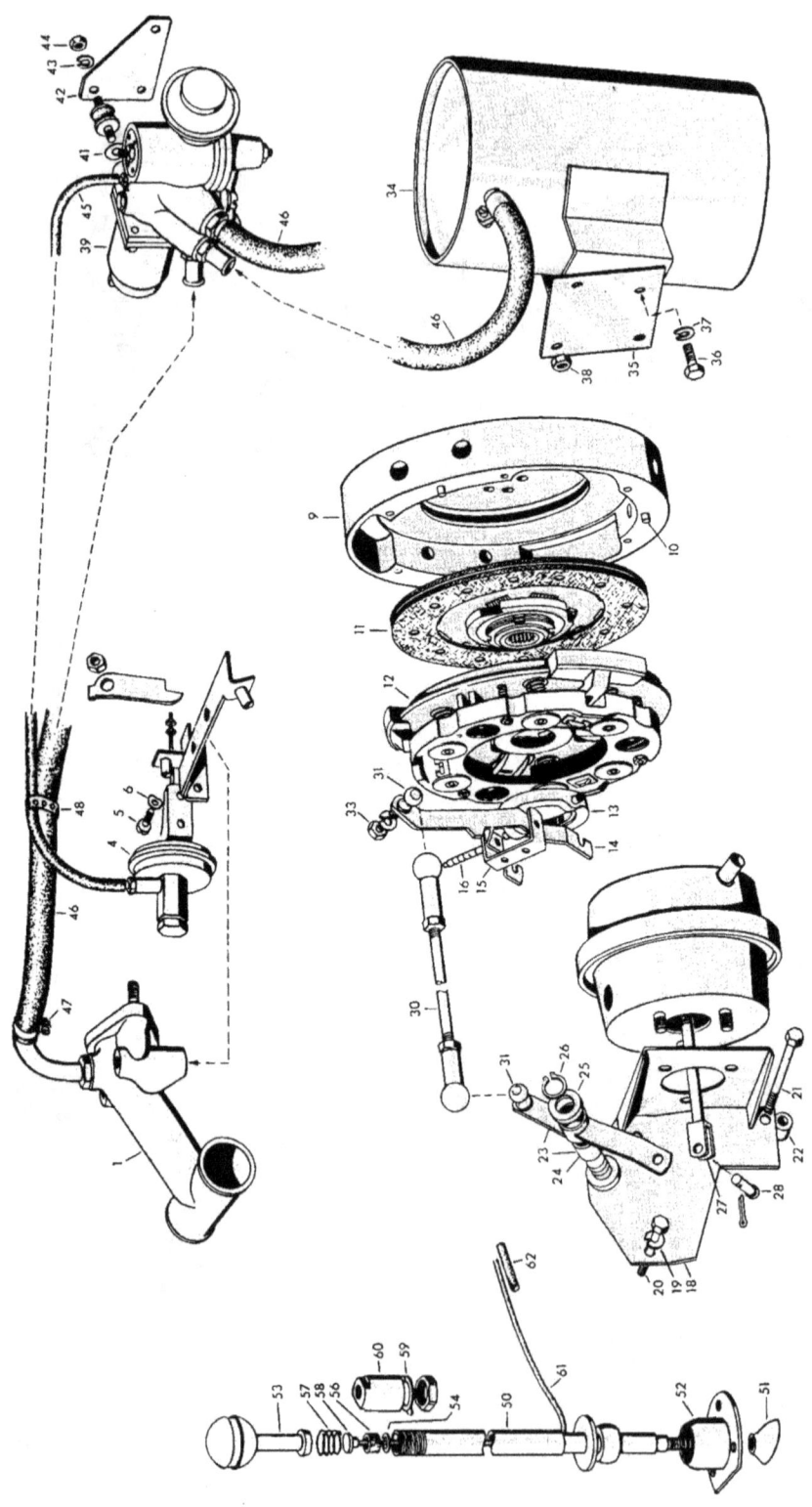

VelocePress "Books & Manuals"

We have included a sample listing, however, for the most up-to-date information please visit our website at www.VelocePress.com

FERRARI GUIDE TO PERFORMANCE
IF HEMINGWAY HAD WRITTEN A RACING NOVEL
OBERT'S FIAT GUIDE
LE MANS 24
FERRARI SERIAL NUMBERS PART I
FERRARI SERIAL NUMBERS PART II
MASERATI BROCHURES AND SALES LITERATURE
FERRARI TUNING TIPS & MAINTENANCE TECHNIQUES
ABARTH BUYERS GUIDE
BMW ISETTA FACTORY WS MANUAL
MASERATI OWNER'S HANDBOOK
FERRARI BERLINETTA LUSSO
FERRARI OWNER'S HANDBOOK
FERRARI 250/GT SERVICE AND MAINTENANCE
DIALED IN - THE JAN OPPERMAN STORY
FERRARI BROCHURES & SALES LITERATURE 1946-1967
FERRARI OPP, MAINTENANCE & SERVICE H/BOOKS 1948-1963
PERFORMANCE TUNING THE SUNBEAM TIGER
TRIUMPH MOTORCYCLES WS MANUAL 1937-1951
TRIUMPH MOTORCYCLES FACTORY WS MANUAL 1945-1955
TRIUMPH MOTORCYCLES (BOOK OF) WS MANUAL 1935-1939
BMW M/CYCLES FACTORY WS MANUAL R26 R27 (1956-1967)
BMW M/CYCLES FACTORY WSM R50 R50S R60 R69S (1955-1969)
NORTON MOTORCYCLES FACTORY WS MANUAL 1957-1970
NORTON MOTORCYCLES WS MANUAL 1932-1939
FERRARI 308 SERIES BUYER'S AND OWNER'S GUIDE
ARIEL MOTORCYCLES WS MANUAL 1933-1951
VINCENT MOTORCYCLES MAINTENANCE AND REPAIR 1935-1955
FERRARI SPYDER CALIFORNIA
AUSTIN-HEALEY 6-CYLINDER MAINTENANCE & REPAIR
HONDA MOTORCYCLES WSM 250-305 TWINS C/CS/CB SERIES
PORSCHE 356 OWNERS WORKSHOP MANUAL 1948-1965
PORSCHE 912 WORKSHOP MANUAL
VOLVO 1944-1968 WS MANUAL ALL MODELS
HONDA MOTORCYCLES MANUAL: 1960-1966 50cc TO 305cc
DUCATI FACTORY WSM: 160cc, 250cc & 350cc OHC MODELS.
ROYAL ENFIELD FACTORY WS MANUAL: 736cc INTERCEPTOR
FERRARI BROCHURES AND SALES LITERATURE 1968-1989

www.VelocePress.com

www.ingramcontent.com/pod-product-compliance
Lightning Source LLC
Chambersburg PA
CBHW060350190426
43201CB00043B/1909